培养高中生地理核心素养的探索与实践

李启云 ◎著

吉林文史出版社

图书在版编目（CIP）数据

培养高中生地理核心素养的探索与实践 / 李启云著
. -- 长春：吉林文史出版社，2021.8
ISBN 978-7-5472-7984-7

Ⅰ．①培… Ⅱ．①李… Ⅲ．①中学地理课－教学研究
－高中 Ⅳ．①G633.552

中国版本图书馆 CIP 数据核字(2021)第 170757 号

PEIYANG GAOZHONGSHENG DILI HEXIN SUYANG DE TANSUO YU SHIJIAN

书　　名 培养高中生地理核心素养的探索与实践
作　　者 李启云
责任编辑 王丽媛
封面设计 徐芳芳
出版发行 吉林文史出版社有限责任公司
地　　址 长春市福祉大路 5788 号
网　　址 www.jlws.com.cn
印　　刷 北京四海锦诚印刷技术有限公司
开　　本 185mm×260mm　　16 开
印　　张 9.5
字　　数 235 千字
版　　次 2022 年 8 月第 1 版　2022 年 8 月第 1 次印刷
定　　价 48.00 元
书　　号 ISBN 978-7-5472-7984-7

前　言

21 世纪，以高科技为依托的知识经济发展迅速，科技发展日新月异，国际竞争日趋激烈，人才竞争已进入白热化。如今，国家的综合国力和国际竞争能力将越来越取决于教育发展、科学技术和知识创新水平。中国未来的发展、中华民族的伟大复兴，关键靠人才，尤其是科技人才。科技人才培养的基础在教育，教育是提高我国全体国民科学素养的根本途径。

高中地理新课程改革已经走过了十多年，一线教师对新课程的诸多理论、理念已由最初的彷徨到欣然接受，甚至开始形成新的教学惯性。当前，不少教师在教学中普遍缺乏对自己多年来依靠经验而获得的课程理解的理性分析。随着课程改革的不断深化，教师对课程的理解程度，将成为决定课程改革是否富有成效的关键因素。

在以立德树人、培育核心素养为目标的教育改革大背景下，要敏锐地意识到教师现在不仅需要做好"课程开发"，更应关注"课程理解"。只有将"课程开发"与"课程理解"有机融合，才能实现教学活动"形"与"魂"的结合，才能使教学活动真正具有生命力。正是基于这样的认识，作者撰写了本书。全书共有六章，主要内容包括高中学生核心素养的内涵、核心素养导向下的高中地理教育学理论、核心素养导向下的高中地理教学与设计、核心素养导向下的高中地理教学实施、核心素养导向下的高中地理教学师生观、高中地理核心素养教学案例实践。

立德树人和培育核心素养目标的落实，重在调动教师和学生主动参与教学活动的积极性。本书在这一方面进行了行之有效的探索，从如何有效培育学生的地理核心素养角度进行了较为深入的思考和实践。这些研究成果，不论是研究理念，还是实践措施，均具有重要价值。

本书观点新颖、语言朴实严谨、条理清晰，具备较高的参考与实践价值。本书在写作前搜集了很多相关专家和作者的观点，在这里致以诚挚的谢意，并将相关参考资料列于书后，如有遗漏，敬请谅解。由于作者学识有限，书中有疏漏之处实所难免，恳请广大读者不吝指正。

作者

2021 年 5 月

目 录

第一章　高中学生核心素养的内涵

从古至今，不同时代的思想家及学者们都曾围绕人应该具备的核心素养进行过深入全面的讨论，反映的都是当时社会发展的需求，是当时人们对"教育应培养什么样的人"这一问题的答案。在以农业经济形态为主导的古代社会，人才的培养重视道德品性；在以工业经济形态为主导的现代社会，人才的培养重视能力本位；而在以信息经济、低碳经济等经济形态为主导的当代社会，人才的培养则需要重视核心素养。强调核心素养才是培养能自我实现与社会和谐发展的高素质国民与世界公民的基础，它反映了当今时代社会发展的需求。

第一节　核心素养的概念与内涵

核心素养为当代世界所普遍重视，是各国际组织与政府在进行教育改革与课程改革时密切关注的热点。虽然各国际组织与政府在"核心素养"的具体表达方式上存在差异，但其思想是共通的，即都重视公民关键的、必要的、重要的素养，并且都强调核心素养的获得是一个持续的、终身的学习过程。对学生"核心素养"的概念进行研究，可以顺应当前联合国教科文组织等国际组织所倡导的教育改革的国际潮流与课程改革的世界发展趋势。

核心素养的概念从最初萌芽到今天经历了一个长期的发展过程，历史上不同价值取向下的核心素养定义都有其特定的前提或目的，是由个人或组织基于各自的时代背景、社会发展需要及现实目的而提出的。

一、核心素养概念的定义

综合世界各个国家和地区及国际组织对核心素养概念内涵的界定，同时考虑不同学科对核心素养的研究，以及我国现实需求和教育实际，可以将其界定为：核心素养是学生在接受相应学段的教育过程中，逐步形成的适应个人终身发展和社会发展需要的必备品格与关键能力。它是关于学生知识、技能、情感、态度、价值观等多方面要求的结合体；它指向过程，关注学生在其培养过程中的体悟，而非结果导向；同时，核心素养兼具稳定性与开放性、发展性，是一个伴随终身可持续发展、与时俱进的动态优化过程，是个体能够适应未来社会、促进终身学习、实现全面发展的基本保障。核心素养不仅能够促进个体发展，也有助于形成运行良好的社会。

二、核心素养概念在教育中的定位

（一）宏观上

综合世界各组织及国家的研究经验，在充分考虑我国社会主义初级阶段这一现实国情，以及我国基础教育阶段和高等教育阶段发展特殊性的基础上，学生核心素养的概念需要找准定位，厘清与教育、教学、课程等方面的关系。对此，借鉴相关研究与证据，本书认为学生的核心素养是对党和国家的宏观教育目标的解读与落实，是连接宏观教育理念、教育目标和具体学科的教育内容、教学方式的中介环节，是对党的教育方针政策、国家总体教育目标的解释框架。

（二）微观上

建构学生的核心素养，需要在跨越不同具体学科领域的水平上对基础教育和高等教育阶段所预期的教育结果有一个整体性的思考和构思。从问题定向的角度，对核心素养的具体定位可以考虑以下几方面。

1. 将核心素养作为修订课程方案的指导

一方面，就课程方案中课程目标、培养目标现有话语体系的表述而言，离一线教师的教学语言尚有一定距离，具有改进和完善的空间。对核心素养开展研究，有利于在修订课程方案时使人才培养目标的表述更加科学；另一方面，就课程设置和课程结构的调整而言，如何在课程改革的过程中调整、增减课程，应采取哪些依据？这些问题也需要对核心素养展开研究。只有明确了学生核心素养的内容，具体的课程调整才有依据，才能对完善课程结构发挥参照和指导作用。

2. 将核心素养作为修改和完善课标的指导

通过研究各学段的学生核心素养，进一步完善各学科的课程目标，在保证学科体系完整的前提下，合理地调整学科内容，明确界定出学生在完成各阶段教育学习过程中，所应具备的核心素养及其应达到的具体水平，进而修订、完善学业质量标准。[①]

3. 将核心素养作为考试改革的指导

核心素养强调了学生在知识、能力、态度、品格等方面的表现，在关注基础知识学习积累的同时，重视信息搜集、综合分析与应用、问题解决、过程性体验与态度形成等综合能力、综合素养的培养。将为进一步的考试改革提供新的思路和参考，为落实"德育为先，能力为重，全面发展"的育人要求提供保障。

① 袁从领. 核心素养导向下的小学科学教育 [M]. 长春：东北师范大学出版社，2017.

第二节　学生核心素养的历史轨迹

"核心素养"这一概念的提出主要始于 20 世纪 90 年代，特别是经合组织 1997—2005 年所开展的"素养的界定与遴选：理论和概念基础"研究项目（OECD，2005），将该词用于描述所有社会成员都应具备的共同素养中那些最关键、必要且居于核心地位的素养。不过，虽然"核心素养"的提法相对较新，但其蕴含的思想却是由来已久。从古至今，不同时代的思想家及学者们都曾经围绕人应该具备的"核心素养"进行过深入而全面的讨论。

一、"德行"的观点——核心素养的传统理论

在教育哲学中，素养被定义为正义、智慧、勇敢的化身。核心素养传统理论，也是教育哲学取向的理论，其时间跨度从古代延伸至 20 世纪初，主要围绕"德性"对人的基本素养进行论述，代表人物有西方的苏格拉底、亚里士多德和我国的孔子等人。

2000 多年以前，人们并没有明确提出核心素养的概念，但是对于合格的社会成员或公民则早已有标准。苏格拉底劝勉人们"把精力用在高尚和善良的事上"，教育人们要"努力成为有德行的人"。"美德即知识"是苏格拉底伦理学最重要的命题。在他看来，人的行为之善恶，主要取决于他是否具有相关的知识。人只有知道什么是善、什么是恶，才能趋善避恶。从这一观点出发，苏格拉底提出了"德行可教"的主张。这种主张不仅否定了当时盛行于希腊的道德天赋观念，而且赋予道德一种普遍的基础。到后来，无论是亚里士多德还是柏拉图，或是中世纪罗马哲学家西塞罗，他们所主张的古典理论下的公民素养，是指公民必须拥有的几种主要德性，如正义、智慧、勇敢且懂得节制。同时，亚里士多德希望城邦公民也要具有公民参与的精神。

在我国，以孔子为代表的思想家们也很早就围绕健全人格进行了思考，并归纳出"内圣外王"的传统文化人才观。所谓"内圣"，是人通过自身的心性修养所达到的一种高尚境界。"内圣"强调个体应该重视仁爱、强调中庸，做到"忠""恕"和"允执其中"；同时强调"文质彬彬""立志笃学"，即内在修养与外部表现要完美结合，而且专心好学；还强调"重义轻利""舍生取义"，即要求人们在某些特定的境遇中，要具有杀身成仁、见义勇为的大无畏气概和献身精神。所谓"外王"，是人的心性修养的外在表现，是"内圣"的主观精神状态的自然延伸与拓展。"外王"要求个体应有博施济众、济世报民的抱负和胸怀，能够"修身""齐家""治国""平天下"。此外，我国传统文化对"德性"在人才培养中的重视，还表现在其他许多著名教育家、思想家的观点中，如南宋著名理学家朱熹主张教育的目的在于"存人伦"，教育学生自幼就须"洒扫应对进退、礼乐射御书数开始，以修养其孝悌忠信之道"，提倡"存天理，灭人欲"的伦理道德教育，并强调"立志""主敬""存养""省察""力行"的

人才培养方法和途径，提出"言忠信，行笃敬，惩忿窒欲，迁善改过"的修身之要；明代思想家王守仁倡导心学，强调"知行合一""知行并进"及"致良知"，把道德教育与修养放在学校教育工作的首要地位，提出了"静处体悟""事上磨炼""审察克治""贵于改过"的道德修养方法，提倡不断在道德实践中净化心灵，充分彰显内在的良知本体；清代教育家王夫之也同样重视道德教育，指出教育在人性的生成过程中起重要作用，表现为能够积善成性，并提出了"立志""自得""力行"的教育方法，其中"立志"即"志于道"，"自得"是要求学生要有道德修养的自觉性，而"力行"则强调将道德知识转变为实际行动，即强调知与行的统一，如此方能真正提高自身道德修养。

可见，无论是西方还是东方，在传统的人才标准中，人们都将高尚的道德品性列为第一位，而这些德性品质也正体现了先哲们对素养内涵的理解。

二、"能力"的观点——核心素养的现代理论

随着工业革命的发生和工业社会的到来，人们普遍加强了对专门行业技能及职业需求导向关键能力的重视。20世纪有关素养的理论观点大都是能力本位的。能力不同于知识和技能，但和知识、技能又有着密不可分的联系。在经合组织所主导的 DeSeCo 研究项目中，将能力定义为：在特定情境下通过心理–社会互动，成功达成复杂要求的素养。这一含义经历了复杂的演变过程。

20世纪20年代，能力本位的理念最早为职业教育所使用，通过对人行动的科学分析，用以探讨职业领域高成就所需要的能力。20世纪40年代，皮亚杰在发展科学领域将能力解释为一般智力，并指出这种一般智力具有强而稳定的个体差异，个体在不同发展阶段通过同化、顺应双向建构过程，不断实现个体与环境的交互作用，用以建构知识与能力。20世纪60年代，Chomsky 在能力—表现模型中提出了"与生俱来的语言能力"。20世纪70年代，被誉为"素质研究之父"的美国著名心理学家麦克利兰在其《测量能力而非智力》一文中提出，能力包括了动机、特质、自我概念、态度或价值、知识，在工作上与优越表现有关的认知或行为技能。

20世纪90年代，Prahalad 和 Hamel 提出了"集体能力"的概念，对传统的"个人能力"观点进行了发展。哈佛大学的加德纳（Gardner，1991）则通过提出多元智能理论，为我们理解能力或素养的概念内涵提供了新视角。加德纳认为，传统的智力观过于狭窄，把智力主要限于语言和数理逻辑能力方面，忽略了对人的发展具有同等重要性的其他方面，如音乐、空间感知、肢体动作、人际交往等。以传统的智力观为基础的智力测验和考试，也主要集中在语言表达和数理推断方面，不能全面反映学生的能力。这种考试对学生学习成绩有较好的预测性，但对预测他们毕业以后的情况、今后的潜力和表现则无能为力。因此，多元智能理论打破了传统的将智力看作是以语言智能和逻辑—数理智能为核心的整合能力的认识，认为智力是在特定文化背景或社会中解决问题或制作产品的非常重要的能力，这种能力是由言语—语言智能、逻辑—数理智能、视觉—空间关系智能、音乐—节奏智能、身体—运动智能、人

际交往智能、自我反省智能、自然观察智能和存在智能九种智力构成的。

1993 年，Spencer 等人提出"冰山模型"，以此阐述了素养的内涵。他们认为素养既包括外显表现，也包括潜在特质，是指一个人所具备的外显特质和潜在特质的总和，是执行某项特定工作时所需要具备的关键能力。其中，潜在特质是人格中深层、长久不变的部分，具有跨领域性，能够在不同的职务或工作中对个体的思考或行为表现加以解释或预测。这一观点可以追溯至 20 世纪初英国心理学家 Spearman 提出的能力二因素论，该理论认为能力是由一般因素 G（general factor）和特殊因素 S（specific factor）两个部分构成的。G 体现在各种活动中，是人人都有的，只是各人的量值不同；S 则对应于各种特殊的能力，因人而异。

1996 年，联合国教科文组织在《学习：财富蕴藏其中》报告书中提出"四大学习支柱"：学会求知、学会做事、学会共处、学会发展。2003 年增加了学会改变。在"五大学习支柱"中，如果说前两者更多的是在传统教育中充实了新的内容，那么，后三者则着眼于 21 世纪以人为中心的可持续发展而提出的全新教育目标。这些情况显示，联合国教科文组织强调教育的使命就是使人获得终身学习关键能力，学会学习，使学习成为每个学生的课题和全体社会成员借以发展的"内在财富"。同时，也显示能力本位的人才培养观已悄然发生变化。

基于工业社会的需求，在整个 20 世纪，能力的概念被广泛使用，并出现了诸如多元智能、外显能力与潜在能力等重要的理论观点，但人们对素养的理解主要还是停留在能力（ability）的层面上，没有全面考虑到人的健全发展所需的情感、态度、价值观等层面。

三、"素养"的观点——核心素养的当代理论

20 世纪 90 年代以来，随着以 Google、Facebook、Twitter 等全球化网络信息科技为代表的"现代社会"及"后现代社会"的到来，为了适应复杂多变与快速变迁的信息化时代的多元需求，传统的能力、技能、知能等概念已经不再适用。人们对这些概念的内涵进行了扩展与升级，提出了同时包括"知识""能力"与"态度"的"素养"概念，并从"关键"或"核心"的角度加强了论证，强调"核心素养"才是培养能自我实现与社会和谐发展的高素质国民与世界公民的基础。

"素养"受到世界各国重视并被纳入教育改革与课程改革的核心，主要源于联合国教科文组织、欧洲联盟、经合组织等国际组织的影响。1996—2003 年，联合国教科文组织提出"五大学习支柱"，对能力本位的人才培养观进行了反思和革新。2000 年，在里斯本召开的欧盟高峰会，则确认要从"终身学习"的角度，为教育与训练系统建构一套"关键能力"。1997—2005 年，经合组织广泛邀请哲学、人类学、心理学、经济学、社会学等各领域专家，开展了为期近九年的"素养的界定与遴选：理论和概念基础"研究项目，对素养进行了深入探讨。在该研究项目中，competence 与 competency 是同义词，都作"素养"来理解。同时其复数形式"competencies"也得到使用，意指各种不同的素养。总体而言，素养涵盖了知识、技能及态度的集合。

与上述国际组织的观点一致，Jones 和 Voorhees（2002）等学者在研究中指出，素养是知识、技能、能力在相关工作领域与个体特质相互作用的结果，是个体学习经验的整合，并通过一定的方式表现出来。在这一过程中，个体的特质属于最基础层面，个体特质通过与学习过程中已经习得的知识、技能和能力等认知成分的相互作用，形成一种整合的素养。内在素养会通过一定方式表现出来，可以通过对这些表现的评价来评估素养。

基于经合组织"素养的界定与遴选"的研究，中国台湾的学者近年来也开始进行有关国民核心素养的研究（如陈伯璋等，2007；洪裕宏，2008）。其中，蔡清田（2010，2011a，2011b，2011c）对课程改革中的"素养"问题进行了系统研究。他提出，素养是指个体为了健全发展，必须满足生活情境需求所不可或缺的知识（knowledge）、能力（ability）或技术能力（简称技能，skill）和态度（attitude）。"素养"一词强调整体的概念，包含知识、能力与态度等层面，与认知、情意与技能的教育目标价值导向相契合，比"能力"一词更适合当今社会。他进一步提出，核心素养是指较为核心而重要的素养，是指个体为了发展成为一个健全个体，必须适应生活情境需求所不可欠缺的知识、能力与态度的全方位国民的核心素养。核心素养不同于一般素养，需要通过各教育阶段的长期培养得以形成。其具体内涵包括三个维度九种成分：（1）沟通互动：①语文表达与符号运用；②资讯科技与媒体素养；③艺术欣赏与生活美学。（2）社会参与：①公民责任与道德实践；②人际关系与团队合作；③国际理解与多元化。（3）自主行动：①身心健康与自我实现；②系统思考与问题解决；③规划执行与创新应变。

第三节 学生核心素养的国际共识

在当今教育改革浪潮中，联合国教科文组织、欧盟、经合组织等国际组织，以及世界各个国家和地区都对以"素养"为核心的未来教学和课程给予了高度的关注，以学生核心素养推动教育和课程改革已经成为大势所趋。世界范围内各国政府与组织对核心素养的理解到底是什么？对此，需要进行核心素养概念的国际横向比较。本节总结了经合组织等三大国际组织，以及教育质量较高、经济较为发达，并与我国政治、经济、社会、文化等因素相对接近的若干国家（包括美国、英国、法国、澳大利亚、德国等）对核心素养概念及内涵的界定。

一、经合组织对核心素养的界定

经合组织于 20 世纪 90 年代开始推行"国际学生评价项目"（Programme for International Student Assessment，简称 PISA），旨在对 15 岁学生的数学、科学及阅读进行持续、定期的国际性比较，测试他们是否具备参与未来社会所必需的基础知识和基本技能，并建立定期循环（每三年）的评价指标，为各国制定教育政策提供参考，以此来审视、评估国家及学校教育的整体成效。结果发现，在大部分会员国的公民身上，成年生活所需的关键知识与技能仍有待加强，甚至有些国家有超过三分之一的学生无法完成适当难度的阅读任务，而这实际上却是他们所应具备的核心素养之一。为了促使各国重视公民的核心素养，自 20 世纪 90 年代中期之后，经合组织即积极关注素养的界定与调查研究，于 1997—2005 年实施了大规模的跨国研究项目——"素养的界定与遴选：理论框架与概念基础"（Definition and Selection of Competencies:Theoretical and Conceptual Foundations，简称 DeSeCo），成为有关核心素养的最有代表性的项目。

DeSeCo 从一个广泛的跨学科视角来探讨核心素养，致力于建构一个核心素养的总体概念参照框架，从而为指标的研制和实证结果的解释提供参考，鼓励理论和实践的相互促进，为政策决策者提供参考信息。该项目指出，核心素养可以使个人拥有良好的、成功的生活。这种成功的生活表现为与他人具有亲密的关系，理解自我和自身所处的世界，与自身的生理和社会环境自主互动，拥有成就感和愉悦感。同时，核心素养对多样的社会和个人均具有包容性，它回答的问题是，普通人要想在社会中安身立命，同时能够应对日新月异的技术发展，需要哪些素养。DeSeCo 认为，核心素养是对每个人都具有重要意义的素养，是帮助个人满足各个生活领域的重要需求并带来益处的素养，核心素养必须有价值且可产生经济与社会效益，并且这些素养是能够发展与维持的。

基于对核心素养的价值定位，DeSeCo 将核心素养界定为：个人实现自我、终身发展、融入主流社会和充分就业所必需的知识、技能及态度的集合，它们是可迁移的，并且发挥着多样化的功能。在义务教育结束时，学习者应该具备这些基本的关键素养，并且在后续的终身学习中继续发挥其基础性作用。具体来说，对核心素养概念的界定分为能互动地使用工具、能在异质社会团体中互动和能自主地行动三个维度，这些方面对个体适应不同的情境分别起着重要作用。

在经合组织对核心素养的界定中，还强调素养的可教性、可学性。素养不仅可以规划、设计、实施、教学与评价，而且必须经由学习过程进行培养。换言之，"能互动地使用工具""能在异质社会团体中进行互动"，以及"能自主地行动"等素养，都可以通过学校教育与课程设置使学生获得，并在他们完成学习之后进行相应的评价。①

二、联合国教科文组织对核心素养的界定

1996 年，联合国教科文组织发布名为《学习：财富蕴藏其中》的报告，在终身学习的思想指导下界定了"学会求知、学会做事、学会共处、学会发展"四大终身学习支柱，而后联合国教科文组织教育研究所（UNESCO Institute for Education，简称 UIE）于 2003 年又提出了"学会改变"的第五支柱，并将这"五大学习支柱"作为"21 世纪社会公民必备的基本素质"。这一前瞻性的思想更加关注人终身的全面发展，为教育以人为本的理念奠定了思想基础。

2012 年，联合国教科文组织在《全民教育监测报告》中估算，全世界至少有 2.5 亿名小学生读、写、算不能达标。为全面提高世界各国的教育质量，教科文组织和美国著名智库机构布鲁金斯学会联合启动了"学习指标专项任务"（Learning Metrics Task Force，简称 LMTF），由联合国教科文组织统计所（UNESCO Institute for Statistics，简称 UIS）和布鲁金斯学会下设的普及学习研究中心（Center for Universal Education，简称 CUE）负责具体工作。2013 年 2 月，LMTF 发布了《向普及学习迈进——每个孩子应该学什么》（Towards Universal Learning : What Every Child Should Learn）的研究报告。该研究在深入分析世界各国、各地区教育质量监控项目的基础上，充分征求了全球 500 余名专家学者的意见，提出检测学生学习成果的七个维度，即对儿童和青少年而言最重要的七个学习方面：身体健康、社会情绪、文化艺术、文字沟通、学习方法与认知、数字与数学、科学与技术。

虽然 LMTF 强调这七个维度只能用于检验学生学习成果，未必适用于政策制定和课程教学，但该项目确实建构了基础教育阶段学生应该达成的学习目标体系，可以看作是对学生应具备的核心素养的一种描述，对我国基础教育的发展有重要的启发意义：第一，该学习指标体系非常重视基础教育阶段学生思维能力和工作方式的培养，不仅将"学习方法与认知"作为一个单独的维度，凸显思维能力和工作方式培养的重要性，而且在其他指标维度中也处处渗透着培养学生创造性思维、批判性思维、尊重、沟通、合作和解决问题的能力；第二，非常重视学生社会性能的发展，其中"社会情绪"维度清晰地解释了不同年龄段学生该如何认识自我、认识他人和认识社会；第三，非常重视信息技术能力的培养。LMTF 明确提出应培养学生的信息技术意识和能力，在不同的学习阶段能够有效地运用相应的信息技术；第四，

① 袁从领 . 核心素养导向下的小学科学教育 [M]. 长春：东北师范大学出版社，2017.

非常重视知识与实践的紧密结合。以数学为例，该指标体系要求学生不仅要掌握基本的识字、运算、代数、几何、统计等相关知识，还要求学生能够用代数模型来解决现实生活中的问题；能够在现实生活中根据数字信息选择商品，并判断收益，能够通过非正式的方式管理个人和家庭的财政。

三、欧盟对核心素养的界定

相较于联合国教科文组织和经合组织，欧盟虽提出核心素养的架构较晚，但却非常完整。欧盟执委会于2005年发表《终身学习核心素养：欧洲参考架构》（European Commission，2005），其中指出，素养是适宜特定情境的知识、技能和态度的组合。在此基础上，核心素养是指一个人在知识社会中自我实现、社会融入，以及就业所需要的素养，其中包括知识、技能与态度。欧盟对核心素养的定位是在义务教育与培训阶段结束之前，年轻人应该具备这些素养，以使他们能够过好成年生活，并以此作为终身学习的基础。同时，按照终身学习的观点，强调须将所有教育与训练系统及成人教育部门纳入其中，希望成年人在其整个生涯中都不断地发展、维持与更新这些素养。欧盟明确界定了终身学习的八大关键素养，涵盖母语交流、外语交流、数学素养与科技素养、数字化素养、主动与创新意识、学会学习、社交和公民素养、文化意识与表达。这些核心素养的内容，是由欧盟会员国的政策决策者、学者专家、实务工作者等各领域人士共同参与制定的，过程可谓相当慎重。部分核心素养彼此重叠及联结，并且相互支持。语言、识字、数学及信息与科技能力等基本技能是必要的学习基础。学会学习的能力则支持一切学习活动的开展。此外，批判性思维、创造力、主动积极、问题解决、风险评估、做决定能力等贯穿于上述八项核心素养之内，并且扮演着重要角色。

四、西方主要国家对核心素养的界定

在面对重大经济变迁及学生学习能力无法适应社会的情况下，戴尔、苹果、思科、英特尔等大公司集合在一起，创办了"21世纪技能联盟"（Partnership for 21st Century Skills，简称P21），其中主要合作的伙伴有州立学校首席官员委员会（Council of Chief State School Officers，简称CCSSO）以及国际科技教育学会（International Technology Education Association，简称ITEA）。由此可知，美国对核心素养的确定主要通过业界提供相关经费的赞助，支持相关单位进行研究，最后提出符合当今社会所需的素养。概括起来，美国确定的核心素养主要指所有学生或工作者都必须具备的能力，其发展目的在于培养具有21世纪工作技能及核心竞争能力的人，确保学生从学校所学的技能能够充分满足后续大学深造或社会就业的需求，成为21世纪称职的社会公民、员工及领导者。具体来说，21世纪技能联盟提出的核心素养包括生活与职业生涯技能，学习与创新技能，信息、媒体与科技技能等方面。

在英格兰的教育体系中，核心素养是指为了适应将来的生活，年轻人需要具备的关键技能（key skills），以及学习、生活和工作所需的资质。其中的关键技能，主要是一种普通的、可迁移的、对劳动者的未来发展起关键性作用的能力。在苏格兰的教育体系中，使用核心技能（core skills）这一概念，是指为了全面成为一个活跃与负责任社会成员所必须具有的广泛的、可迁移的技能。

在法国，"socle（foundation or core）of competences"表示基本素养或核心素养。该词在法语中专门用于义务教育中基于学科和跨学科的素养，强调这些素养是终身学习的基础。法国的素养模型认为一个人的职业能力是与知识、技能和社交能力三方面密不可分的。素养反映了学习的动态过程、知识的积累与传递过程。

澳大利亚的核心素养也称为综合职业能力或关键能力，是指为有效参与发展中的工作形态与工作组织所必需的能力。其所强调的并非某个学科或某一职业领域所具有的知识和技能，而是学生终身发展所需要的能力，是一般性的。这项特性也意味着核心素养不仅能帮助学生有效参与工作生活，也能帮助学生有效地接受继续教育或更广泛地参与成人世界。1991年9月，澳大利亚成立"梅尔委员会"（Mayer Committee），1992年2月，该组织提出：公民的核心素养（Mayer Committee，1992）是准备就业的基础；是所有类型职业都适用的一般能力，而非某些行业所需的专门能力；使个体能有效地参与社会环境，包括工作与成人生活的环境；包括对知识和技能的整合与应用；是可学习的；必须能够有效地评价。具体来说，核心素养包括下列七项关键能力：收集、分析与组织信息的能力；沟通观念与信息的能力；规划与组织活动的能力；与他人合作及在团体中工作的能力；运用数学概念及技巧的能力；运用科技的能力；解决问题的能力。

在德国，梅腾斯干1974年从职业教育角度首先提出了关键能力的概念，即指那些与特定的专业技能不直接相关的知识、能力和技能，是在各种不同场合和职责情况下做出判断选择的能力，是应对生涯中不可预见的各种变化的能力。关键能力可以理解为跨专业的知识技能和能力，由于其普遍适用性而不易因科学技术进步而过时或被淘汰。德国对核心素养概念的界定分为专业能力、社会能力、自主能力三方面。由于是从职业教育中发展起来的，德国的关键能力内涵和分类具有很强的实践性。

第二章 核心素养导向下的高中地理教育学理论

高中地理教育学的研究对象就是新教育理念下的高中地理教学。地理教学是直接对着"学生"进行的教育教学活动。地理教学理论为适应现代社会、科技、教育发展对教学的要求，特别是适应现代教育对学生主体地位的确立和主体意识的培养以及自主学习能力和创新能力的培养要求，落实素质教育要求，重视对地理教学中"学"的现象和问题的研讨研究。所以这里所说的地理教学，包含了地理教学活动中教与学的一切现象和问题。

第一节 高中地理教育概述

高中地理教育是指在高中地理新课程教学中依据现行《普通高中地理课程标准（实验）》，基于高中地理课程的能力目标要求，通过收集和呈现客观存在的事实，指导学生进行学习探究，运用分析综合、归纳推理手段从这些事实中得出结论，验证所学地理原理、地理规律和地理过程的正确性与普遍性，是一种重过程、重应用、重体验、重参与的教与学方法和认知活动。

高中地理教学，旨在创设和提供一种实在、有用、确定、精确的课程学习，以及在课堂中导入校本化的探究性学习。通过教学实证，更深刻地揭示高中地理学科的基本原理、基本规律和基本过程的内在构成因素，分析地理要素之间的普遍联系，归纳概括地理现象的本质，促进学生的地理学习迁移。

第二节 高中地理课程价值与体系

一、核心素养视域下地理学科的课程价值

结合普通高中课程改革的实际，教育部做出了全面深化课程改革，落实立德树人根本任务的部署，明确了普通高中课程修订工作的主要任务。其中的首要任务是凝练学科核心素养，厘清本学科教育对学生成长和终身发展的独特贡献，通过基于核心素养的教学，帮助学生形成必备品格和关键能力。

地理核心素养是地理学科育人价值的概括性、专业化表述，是知识与技能、过程与方

法、情感态度与价值观三维目标的整合与提炼，是学生在学习课程之中或之后形成的、在解决真实情境中的问题时表现出来的必备品格和关键能力。地理核心素养由人地协调观、综合思维、区域认知和地理实践力组成。

四个核心素养之间有着密切的关系。人地协调观是地理课程最为核心的价值观，它包含正确的人口观、自然观、资源观、环境观和发展观等。综合性和区域性是地理学研究的两大突出特点，由此形成的综合思维和区域认知，是学生分析、理解地理过程、地理规律、人地关系系统的重要思想和方法。地理课程具有很强的实践性，在实践活动中活用地理知识和技能，是学生学以致用能力的体现。地理核心素养的四方面，很好地体现了地理教育的价值。

（一）复杂的地理时空尺度要求形成独特的认知视角

地理科学系统是开放的复杂巨系统。地理现象是复杂的现象，具有非线性、确定性与不确定性、相似性、区域性和时序性等特点，这造成了地理时空认知和表达的复杂性。如地理教学不仅应关注全球、大洲、国家、区域四个层次，还应该深入微观领域（例如单个家庭、企业、地段、街道、村落、社区等）。地理教学不仅应关注近现代的自然环境和人类活动的演变规律，还要关注历史尺度的自然环境和人类活动的演变规律，同时需要将自然环境的演变放置于更宏观的时间尺度——地质历史时期来进行探究。时空认知是地理学科最具特色也是最具生命力的认知方法，地理教育工作者应对其进行深入研究，并形成相应的教育教学策略。地理学科研究的对象具有复杂的时空尺度，这就要求地理学具有独特的认知问题的方法。

1. 综合思维

综合思维是人们全面、系统、动态地认识地理事物和现象的思维品质和能力。人类生存的地理环境是一个综合体，在不同时空组合条件下，自然和人文要素相互作用，综合决定着地理环境的形成和发展。综合思维素养有助于人们从整体性的角度，分析和认识地理环境，以及它与人类活动的关系。

2. 区域认知

区域认知指人们对区域的特征和问题进行分析、解释的意识和能力。人类生存的地理环境存在着明显的区域差异，这是地理环境最基本的特征。不同区域的自然、人文要素不同，人地关系的形式和问题也不相同。区域认知素养有助于人们从差异性的角度，分析和认识地理环境，以及它与人类活动的关系。

（二）地理学科承载着独具价值的学科价值观和育人功能

地理学科的"育人"需要着眼的是学生的基础现实与素质诉求。以人的需求为出发点，"育"仅是对人之需求的回应。从素质范畴分析，育人的要求起码有四点，即"育德""育智""育体""育美"。德智体美最终综合体现在学生身上，这是学科育人功能的本质。

综合思维和区域认知两方面的素养侧重于"育智"，地理学科独具特色的价值还包括"育德""育体"和"育美"。

1. 地理学科承载着独特的价值观——人地协调观

价值观是指个人对客观事物及对自己的行为的意义、作用和重要性的总体评价，是对什么是好的、是应该的的看法，是指引一个人做出决定和采取行动的原则、标准。任何一门学科在价值观层面对学生发展的影响应包括：丰富学生对所处的变化着的世界的认识；为他们在这个世界中形成、实现自己的意愿，提供不同的路径；提供他们一种唯有在这个学科的学习中才可能获得的经历和体验；提升他们发现、欣赏和表现独特的学科美的能力。

人地协调观是地理学科最为核心的价值观，它是指人们对人类与地理环境之间关系秉持的正确价值观。人地关系是地理学最为核心的研究主题和基本的思维视角。面对出现的人口、资源、环境等问题，人们越来越深刻地认识到，人类社会要更好地发展，必须尊重自然规律，协调好人类活动与地理环境的关系。人地协调观素养有助于学生更好地认识、分析和解决人地关系问题，成为和谐世界的建设者；有助于提升学生的地理综合思维能力、区域认知能力和地理实践能力；有助于学生拥有家国情怀和具有世界眼光，学会关注地方、国家和全球的地理问题及可持续发展问题。

2. 地理学科"育体"和"育美"的重要特质——地理实践力

为贯彻高中地理课程理念，学校要注重地理教学过程和方法，开展校外地理实践活动，让学生掌握一定的地理实践方法。地理实践力不是地理知识的堆砌，而是侧重问题解决能力、实践能力和审美情趣等的提高。

地理实践力是指人们在考察、调查和模拟实验等地理实践活动中所具备的行动能力和品质。野外考察与室内实验、模拟相结合，是现代地理学研究的主要方法，也是高中地理课程特有的学习方式。地理实践力有助于人们更好地在真实的情境中观察、理解、感悟地理环境，以及它与人类活动的关系，增强人们的社会实践能力和责任感。[①]

我们要加强学生的地理实践活动，包括认知性实践、社会性实践、伦理性实践活动，从而培养学生的交往、合作、动手、设计、组织和决策等实践能力。

地理学科蕴藏着丰富的育美元素，这是其独到的优势。地理世界处处有美。千姿百态的地理景观美、人地和谐的地理思想美、简洁有序的地理规律美，恒新、恒异的地理探索美和地理创造美等，构成异彩纷呈的地理世界的美。从育美的视角探究地理教学，是提升地理教学灵活度与活力的重要突破口。

二、教师对高中地理课程体系的审视

（一）高中地理新课程建构力求为核心素养培育创造最优条件

关于基础教育课程的设置，有三种不同观点的学派，分别叫社会中心主义、学科中心主

① 耿文强. 聚焦核心素养：课程理解范式下的地理教学实践 [M]. 杭州：浙江大学出版社，2017.

义和学生中心（或儿童中心）主义。社会中心主义认为，基础教育课程应该完全按照社会的需要来设置，因为学生从学校毕业以后终究要走上社会，社会需要什么知识，学校就应开设什么课程。学科中心主义认为，中小学的课程设置应和学科体系接轨，因为科学是人类经验的结晶，它是最完整、最严谨、最科学的，学科体系是课程设置的基础和依据。学生中心主义强调，学校课程设置应该完全从学生的需要、爱好、兴趣出发，这样学生才能学得进去、学得更好。然而，中学课程设置必须兼顾社会、学科和学生这三个基点，而不应该绝对化地片面强调某一方面。如果说社会、学科和学生这三个基点构成了一个三角形的话，那么，素质教育就是这个三角形的重心，课程设置应通过提高学生的素质来求得这三个基点的平衡。

（二）高中地理新课程体系中社会基点弱化的问题不容忽视

高中地理新课程充分考虑了社会、学科和学生三个基点。从社会性、时代性来看，新课程充分考虑了社会需求，更加关注人口、资源、环境和可持续发展等社会热点问题，如"自然资源与自然灾害""环境保护""区域可持续发展""海洋地理"等社会热点问题均在课程体系中有了充分的展现。从课程内容来看，新课程中地理学科各主干知识的深度和广度均达到了前所未有的水平，尤其是大幅度增加了地理学研究的前沿问题（如"地理信息技术应用"），并且将大多数前沿问题都单列为选修模块。从学科体系完整性来看，新课程涵盖了当今地理学研究的主要方向，而不再要求一些地理色彩较弱的内容，充分考虑了地理学科体系的完整性、严谨性和科学性。从学生选择性来看，新课程设置充分考虑了学生的需要、爱好和兴趣，设置了七个选修模块供学生选择。

但是，看似全面兼顾社会、学科和学生三个基点的新课程体系，社会基点却遭到了前所未有的弱化，这不仅背离了地理课程的传统，也背离了新课程所设定的目标。

1. 高中地理新课程必修模块严重弱化了社会基点

高中地理新课程理念之一是"学习公民必备的地理知识"，要求"建立具有时代性和基础性的高中地理课程，提供未来公民必备的地理知识，增强学生的地理学习能力和生存能力。关注人口、资源、环境和区域可持续发展等问题，以利于学生正确认识人地关系，形成可持续发展的观念，珍爱地球，善待环境"。由此可见，"公民必备的地理知识"中，最突出和最核心的是"人口、资源、环境和区域可持续发展等问题"。

我们再来审视高中地理新课程体系，原来作为必修，且与资源、环境和可持续发展有关的内容大多都列入选修模块，如"海洋权益""海洋环境保护""资源枯竭问题""自然灾害""酸雨危害""臭氧空洞"等。它们是培养学生正确的"资源观、环境观和可持续发展观"的重要载体，将其列入选修，就意味着这些内容的教育可以有"选择"，而并非一种普及教育，不是"公民必备的地理知识"。如关于当前十分热点的"能源危机""资源问题"和"粮食安全"等问题，如果按照新课程必修部分的要求，学生基本不能正确认识和分析它们，更不可能形成与国家意志相一致的观念。

2.选修模块受诸多因素影响，选修群体大大缩减

首先，受高考的影响，真正有机会学习地理选修模块的群体大大缩小。在当前的高考模式中，大多数省区市均将地理作为文科高考科目，而文科学生只占全体学生的很小一部分。其次，部分省区市在制订选修课程方案和高考方案的时候已经将部分地理选修模块排除在外，选修模块形同虚设。

针对上述情况，教师在必修课阶段根据学校和学生情况，适度强化社会基点，遵循"社会中心"的原则，将体现社会需求（以社会问题为中心）的内容作为"学习公民必备的地理知识"的重要载体，开发具有学校自身特色的校本课程，对于体现地理新课程的理念和实现地理教学的终极目标，具有十分重要的现实意义。

（三）课程的育人功能是实现地理学科核心素养培育的关键

高中地理新课程设置"顾此失彼"，更多地考虑了基础性和选择性，使得课程出现了学科中心主义和学生中心主义的倾向。高中地理课程深化改革所提倡的终极目标——价值观（地理价值观除了包括核心价值观——人地协调观外，还包含家国情怀和世界眼光等）的实现，还需要用课程的社会性和时代性来体现。因此，在新课程理念下，教师在教学过程中要创造性地开展教学，合理选择教学路径，适当强化社会基点，突出地理学科落实立德树人目标、培育学生核心素养的功能。

第三节　走向开放：地理高效课堂的构建

地理高效课堂的构建要遵循以下教学原则：以学为主；面向全体；主动发展；"三维合一"（即"知识与能力""过程与方法""情感态度与价值观"三个维度的交融与综合）；科学适用。

一、和谐是地理高效课堂的基础

"和谐"是指一个系统与外部客观世界之间及其内部各要素之间的关系处于一种协调、平衡的状态。和谐教学就是按照系统论的观点，在教学活动中，力求使教学过程诸要素之间与教学环境之间始终处于一种协调、平衡的状态，从而提高教学质量，培养学生的创新精神、实践能力和自学能力，使学生的基本素质和个性品质得到全面、和谐、充分的发展。

（一）师生关系的和谐

第一，做到师生关系的和谐，要求教师心中有爱，做幸福型的教师。热爱自己所从事的工作是一个优秀教师的必备素质，教师热爱学生是实现师生关系和谐的必要前提条件。总结古今中外优秀教师的特点，我们会发现，其共同之处就是对教育事业有一种浓厚的兴趣和热

爱，对学生有一种强烈的深厚感情。有爱，才能在教育领域不懈地追求、探索；有爱，才能面对充满个性的学生创造性地交流；有爱，才能体验到教学工作的乐趣，并体验到幸福。

第二，教师要善于观察、乐于倾听。教师要练就一双明察秋毫的慧眼，学会观察学生听课时的眼神反馈，观察每个学生怎样学习。"对一个有观察力的教师来说，学生的欢乐、惊奇、疑惑、恐惧、受窘和其他心理活动的细微表现，都逃不过他的眼睛。"教师要根据学生上课时的信息反馈，发挥临场机智，不拘泥课前既定的教案和教法，进行果断的教学调节。有位教育名家说过："组织课堂教学，第一流的教师用的是眼神，第二流的教师用的是语言，第三流的教师用的是惩罚。"

第三，倾听学生的叙说是实现师生关系和谐的基本要求。在新课程理念的指引下，学生成了课堂的主体。教师只有善于关注学生、倾听学生，适时调整自己的教学行为，才有可能扮演好自己的角色。教师乐于倾听，意味着对学生的尊重，通过认真倾听学生的讨论、答问及思考过程等，捕捉有关信息，抓住一个个教育的切入点。总之，倾听是一种尊重与宽容，是一种关爱与赞赏，也是一种对话与沟通。教师只有乐于倾听、善于倾听，才能构建起民主、平等、和谐、融洽的课堂气氛，课堂才会变得丰富和精彩。

第四，以宽容的态度，应对教学中的突发事件。要善于控制自己的情绪，学会自制；要在"了解"上下功夫；既要一视同仁，又要因人而异；要善于因势利导。

第五，关注细节。教育不能忽视细节，教师本来就是在孩子的心头上行走的人，关注教学中的每一个细节，研究细节，善待细节，才能将教育做到极致。

（二）生生关系的和谐

目前的学生大多为独生子女，由于独特的成长环境，他们普遍缺乏与同伴共处的复杂经历，凡事以自我为中心，缺乏自制力和独立生活能力，缺乏合作的意识和交际技能。因此，在教学中只有培养学生的合作精神、互助精神、集体意识，才能达到学生之间的关系和谐，才能增强班集体凝聚力，这也是实现高效课堂工作的前提。

1. 建立有效的学习集体组织

我国中小学课堂中传统的以班级、小组为单位的教学组织形式并没有给学生提供同学之间相互合作、相互交流启发的有机组织平台，"师—生"这一单一的交流平台使许多学生事实上都处于一种在课堂"静态大背景"下作为一个孤立的个体而存在的状态。这种状态使多数学生在课堂中丧失展现自我才智的机会的同时，也使学生群体角色中的"平等、合作、分享"等集体性质丧失殆尽。这就要求我们必须突破传统的课堂教学组织状态，建立起一套有效的学习集体组织机制，为学生间的有效交流构建多种平台，从而使学生能在不同的平台中拥有充分发挥自己才能、贡献自己智慧的一方天地。为此，我们必须打破传统班级的"秧田型"空间形态,建立起诸如"马蹄组合型"等新的课堂空间形态,以6名左右学生构成的有效学习小组作为班级的基本单位,并按照小组内部全员沟通、小组之间差异均等、不同学科小组成员避免重复等原则将全班学生重新组织,建立一个新型的有效的学习集体组织。在这种新的学习集体组织形态下,学生除了拥有传统的"师—生"交流平台外,还拥有在教师组织下的组内学生间的交流平台和"小组—小组"的组间交流平台等多种交流平台。学生在有效学习的集体组织中的交往和集体对其产生的适当约束,将更有利于学生课堂中"合作、分析、理解、尊重"等集体意识的形成,为实现和谐高效课堂打下基础。

2. 引进并改造国外先进的集体教育模式,加强学生的集体意识与集体活动能力的培养

此处所说的集体意识包括:倾听对方的陈述、尊重对方观点的尊重意识,承认对方长处、学习对方优点的学习意识,帮助他人解难、合作完成任务的合作意识以及开诚布公、表现自我的表现意识。集体活动能力既包括个体能代表小集体在大集体中自如、有条理地发表意见的能力,也包括在其他小组的代表发表意见时耐心倾听、控制情绪的能力。值得提出的是,诸如让学生学会倾听他人意见、不要在课堂上随便插嘴讲话的能力,并不是通过教师强制命令式的要求所能获得的,只有当学生参与一系列的集体活动后,经过自己的亲身体验、感受和领悟才能真正获取。一些发达国家在培养学生集体意识和能力方面的有效经验值得我们借鉴。如美国的集体调查研究模式、训练小组模式以及角色扮演模式(不同于我国某些课堂出现的学生角色扮演),在培养学生的集体意识与集体活动能力方面都有显著效果,可以适当引进、学习。根据自己课堂的现实状况,对之加以适当改造。

二、地理高效课堂的实施策略

在密切师生关系、生生关系和创设宽松和谐的课堂气氛的基础上,要实现高效课堂,还必须做到以下几点。

(一)以精心备课做高效课堂的保障

1. 备课程标准

要提高课堂教学效率,应制定完整、明确的课堂教学目标,注意根据教材内容定出基础知识、基本能力、思想情感教育等方面的要求。这样就能使学生在知识、能力、思想情感教育三方面得到协调发展,完成课堂教学任务,收到良好的教学效果。

2. 备教材,选择合适的教学方式

强调教学目标的全面性。目标对课堂具有引领作用,是一堂课的方向,是判断教学是否有效的直接依据。因此,在制定教学目标时,要从"知识与技能、过程与方法、情感态度与价值观"三方面考虑,以更好地实现课程的总体目标。在此基础上,还应照顾全体学生,根

据学生的年龄特点、学习情况制定分层次的教学目标，以适应不同学生的发展要求。

突出教学资源的开发。首先是教材资源，新教材给教师更大的创造空间，给学生更大的探索空间。其次是生活资源，生活中处处有教学资源。再次是网络资源。

注重教学问题的预设。好的问题能带动一堂课，备课中需要教师充分考虑学生的实际情况，精心设计学习活动，预测通过这样的活动，学生可能会产生什么问题。

根据教材、学生的实际情况，灵活选用教学方式、设计教学方法。如利用多媒体教学，通过"班班通"演示地理现象，变抽象为直观，变静为动；通过向学生展示教学情境，呈现思维过程，提供丰富的感知表象，提高教学效率。

3. 备学生，做到有的放矢

学生是教学的对象，是学习的主体。所以，必须先了解学生，才能有效地帮助学生解决学习中的问题和困难。在备课时，应了解学生的知识基础、技能水平、学习方法、心理特点等，以便在教学中根据学生的个性差异因材施教、有的放矢。在教材的挖掘上，细致分析每一个知识点的难易程度，以便采取相应的教学方法和切入点。全面预设学生可能会出现的思维方式，做出认真的准备。[1]

备课时要多思考：学生在学习这部分内容之前，他们已经具有哪些知识和经验？他们还可能存在哪些问题？把握住学生原有的知识基础，是提高课堂教学效率的前提。在实际教学中，让学生的学习真正成为在原有的知识、经验基础上的主动构建的过程，增强教学的体验性和生成性。

（二）统筹教与学的关系，完善和谐高效课堂

地理新课程强调学习对学生终身有用的地理，学生的学习方式由传统的接受式学习向自主探究式学习转化，促进学生全面和谐地发展。这就要求我们必须从传授知识的角色向教育促进者的角色转化，成为学生教学活动的组织者、引导者和合作者，强调在课堂教学中体现教师的"教"和学生的"学"的整合。教师应在教学的各个环节激发学生的学习潜能，鼓励学生大胆创新和实践，并向学生提供充分开展学习活动的机会，从而获得广泛的学习经验。

1. 目标导课堂，让学生有"桃子"可摘

目标导课堂是指以完成教学任务、达到教学目标的观点来统率课堂教学。实行"高效"教学，首先要设置有效适当的教学目标。我们按照课程标准，结合教材、学生、基础知识和能力的实际，把每个教学目标分解成三个层次：第一层次是全体学生均能达到的，"保底不封顶"；第二层次是中等生必须达到的，后进生"跳一跳"也能实现的；第三层次是优秀生能发挥余力的。

---

① 巩天佐. 和谐高效思维对话——新课堂教学的实践探索（高中地理）[M]. 北京：教育科学出版社，2011.

2. 兴趣贯课堂,让学生感到有意义

兴趣是最好的老师。心理学研究表明,如果一个人对某一活动有浓厚的兴趣,那么活动效率就较高,而且不易产生疲劳或负担过重的感觉。兴趣贯课堂是课堂上教师自始至终凭借课堂动态生成、教学方法、教学手段、实践活动等有意义的信息或技能,激发学生求知的兴趣,引导他们主动地去获取知识。

3. 灵活运用教法

教学有法,但无定法,贵在得法。课堂教学方法应灵活多样,富有启发性,教师要千方百计创造情境、创造机会,引发学生的求知欲,唤醒学生的好奇心,培养学习兴趣。例如,在课的起始阶段,可用疑问启思、练习启疑等方式激趣,使"课伊始,趣味生";在课的发展阶段,可用揭示矛盾、比较对照、举一反三、温故知新等方式激趣,使"课正行,趣正浓";在课的结束阶段,可用质疑问难、讨论延伸等方式激趣,使"课已尽,趣犹存"。教师呈现的信息技能有意义,学生对上课富有亲切感,怎能不使学生的内心激起涟漪,产生浓厚的学习兴趣呢?

4. 采用多样手段

平时,我们常常看到教师"一支粉笔一本书"进课堂的现象。因此,我们必须创设条件,化抽象为形象,变枯燥为生动,运用多样化和现代化的教学手段来激发和维持学生学习的兴趣。在教学中,我们要一方面努力挖掘潜力,充分发挥插图、板图、模型、实物、自制教具等传统的直观教具的作用;另一方面,要努力创设条件,运用多媒体等现代教学手段,增强课堂教学的形象性、生动性和趣味性。

5. 引导学生参与,做课堂的主人

如何改变课堂上的"一言堂""讲得多,练得少"的现象?引导学生参与教学过程是有效的途径之一。实际教学时,要充分调动学生的眼、耳、脑、口、手等多种感官活动,通过看看、听听、想想、讲讲、做做等产生复合刺激,增强参与效果,为学生提供实践机会,引导学生人人参与。

"懒"教师教出勤学生。新课改以来,许多教师尝试教案学生写、课堂学生上、问题学生提、试卷学生出、活动学生搞,取得了明显的效果。"授人以鱼,不如授人以渔"。法国的罗曼·罗兰提出,一个人只能为别人引路,不能代替别人走路。爱因斯坦也指出,教师最重要的教育方法是鼓励学生去实际行动。特级教师魏书生尝试"懒教师教出勤学生"曾取得了成功。教育的重要任务是培养出会学的学生,学生一旦养成自学的习惯和方法,有了独立发现问题、解决问题的能力后,就能为今后的学习、成长和可持续发展奠定良好的基础。当

然，"偷懒"绝不是放任自流、不管不问，教师的"懒"不是随意的"懒"，而是经过冥思苦想、精心设计的、科学的"懒"。教师要"懒"得有方、有度，"懒"得有心、有效，"懒"只是一种外在的表象，在"偷懒"的背后，教师付出的是更多的心思和汗水！"懒"教师时时在思考、在构思。愿每个教师都能在繁忙的教学工作中多想点方法，学会"偷懒"，做个勤动脑筋的"懒"教师！

6. 自主练习进课堂

练习进课堂是指将课后练习或作业有机地设计在教学环节中，既加强课堂训练，又减轻学生过重的负担。课上可供学生依赖的时间量有两个：一是教师实际教学所用的时间量；二是学生集中注意力上课的时间量。不管教师教什么，学生都应有充裕的时间自主支配。但课堂上，我们往往重讲轻练，挤占学生的练习时间。因此，我们提倡"练习进课堂"。首先，教师要做到"精讲"，即讲学生不懂的重要之处，讲有价值的规律之处，讲"牵一发而动全身"的精华之处。一般把课上1/3的时间留给学生，保证其有时间集中精力练习或作业。其次，要做到"精练"，即练习富有针对性、选题富有典型性、训练富有阶梯性、形式富有多样性。目的是让学生通过能激发兴趣和富有质量的练习，有效地掌握知识、发展能力。就练习富有针对性而言，我们恰如其分地把课后"练习"设计在教学环节中。在层次上，把练习作业设计成两类：有的完成必做题，有的除了必做题外还要完成选做题。这样，可保证各类学生有效支配时间，自觉完成自己力所能及的练习，既提高了各层次学生的积极性，又保护了学生的自尊心和自信心，促使他们以愉悦的心情面对作业，从而有效地减轻了他们过重的负担。

（三）提问方式开放，改变"教""学"方式

爱因斯坦说过，提出一个问题往往比解决一个问题更重要。因为解决问题仅仅是方法和实验的过程，而提出新的问题则要找到问题的关键、要害。现代研究表明：一切思维都是从问题开始的，放手让学生自己提问题比通过被动地阅读寻找答案的策略更有效，因为学生提出问题的过程实际上就是对教学内容的初步感知和整体把握的过程，它是学生对教材的认知、理解及掌握程度的具体体现。当学生发现并提出一个高质量的问题时，必然伴随着分析综合、比较归纳、演绎推理等思维活动，这是学生认真阅读思考的结果。大哲学家苏格拉底甚至说："问题是接生婆，它能帮助新思想的产生。"培养学生的问题意识，训练学生发现问题、提出问题的能力是培养创新性思维的基础和前提。

让学生成为提问的主人。长期以来，我们习惯于教师提问，"师问生答"，导致学生跟着教师关注的问题走，学生的思维跟着教师的问题走，学生缺少自己提问的权利和机会。由于知识背景、兴趣爱好、价值取向、思考角度的差异，师生对问题的关注点往往不同，即使对同一问题的关注点也可能会迥然不同，这就使得课堂提问不能激发学生探求知识的欲望，违背了教

学应接近学生"最近发展区"的原则。因此,教学中教师要经常创造机会,把提问的权利留给学生,让学生自己去发现问题、提出问题和解决问题,改变单一的"我来问,你来答"的提问方式。提问形式要多样化:可以师问生答,也可以生问师答,也还可以同桌互相提问。

由于提问方式的开放,学生获得了学习的主动权。他们不再被动地听取知识,而是积极主动地发现问题、提出问题、分析问题、解决问题;学生不再是被动接受知识的"容器",而是积极主动的知识探求者,在"我要学""我爱学"的氛围中自主学习、合作学习,愉快地接受知识;课堂上,随着各种各样问题接二连三地出现,师生之间的平等对话就会成为自然而然的事情,教师再也难以使用"灌输式"的教学方法,学生的自主学习成为可能,真正贯彻了"以学生为本"的教学理念。

合理处理教师提问与学生提问的关系。教师的提问和学生的提问,都是实现师生互动教学的重要组成部分。仅有教师的提问,会导致出现一种"牵牛式"的不良教学现象,即只以教师的目标和思路进行教学,学生没有了自主权;但单单只有学生的提问,便会导致"放羊式"的不良教学现象的出现,即没有教学主线,学生想到哪儿问到哪儿,这样的课堂会呈现出一种零散性与无序性,缺乏一种整体构思的主线。所以说,单单有教师的提问,课堂气氛会非常沉闷,单单有学生的提问易导致课堂无组织,只有二者有机结合,才能使一节课教学目标明确、重难点突出,课堂教学在有序的轨道上进行,课堂气氛活跃,学生的思维才可以发挥到极佳状态,学生的创造性才能很好地体现出来,使学生创新求异思维得到很好的开发,达到素质教育的目标。所以说,课堂教学过程中教师的提问与学生的提问是不可分割的有机整体,缺一不可。

(四)聚焦教学过程,开展案例研究

案例教学是教师采用案例来组织学生进行学习的方法。它通过引导学生对案例进行剖析、研究、归纳、总结,使教学内容更加具体化和典型化,使学生从"个"推知"类"、由特殊归纳一般,通过典型的案例理解普遍的规律性原理。案例教学是新课程的一大特色,它使课堂学习更贴近学生的实际生活,便于学生主动地获取知识和探索知识形成过程的规律,主动地运用知识解决实际的地理问题,达到巩固知识、发展能力、提高综合素养的目的。教学案例应具备最一般的地理知识,包括最基本的地理原理,能较好地体现地理事物的规律性地理特征。案例的选取范围应具有广泛性和多样性,即自然的、人文的、世界的、中国的、区域的、综合的、乡土的、一般的、特殊的地理情境等。案例的呈现方式可以是地理文字材料案例,地理图像、图形、数据、景观及多媒体案例,虚拟情境案例,真实情境案例,讲解式(印证式)案例,讨论式案例等。案例的分析可以将案例的情境与相应的教学内容联系起来,揭示案例与所学原理之间的联系。其遵循的程序大致是个人体验—小组讨论—指导分

析。在个人体验阶段，要力求使学生尽快进入案例情境，理解案例中所揭示的基本事实，利用已有的知识经验寻找它们之间的关系；在小组讨论阶段，要组织学生充分交流，为学生提供独立思考、发表意见的机会，引导他们学会分享他人的成果；在指导分析阶段，要求教师参与学生的讨论，并通过对比分析、延伸分析、反证分析等方法对学生的讨论进行必要的指导。案例的总结可以是对学生的分析、讨论的具体情况进行有重点的、灵活的点拨，其主要方式有纲要型总结、提高型总结、矫正型总结、悬念型总结等。

（五）加强课堂管理，调控课堂节奏

在空间管理上，教师应注重教学环境的空间设计，将每个学生置于自己的视野范围内。在空间距离上，能够灵活地与每个学生顺畅交往，学生的座位安排应方便师生之间、生生之间的互动。坚持时间效益观，最大限度地减少时间的损耗；把握最佳时域，优化教学过程；保持适度信息，提高知识的有效性，并提高学生的专注率。课堂的节奏应该是变化的，安排内容要错落有致，分配时间要大体适当，平缓中偶有高潮，与人的心理特征相吻合。

第三章　核心素养导向下的高中地理教学与设计

　　高中地理课程的教学设计就是根据地理教学目标和教学对象，设计合理有序的教学过程与教学方案，体现高中地理课程标准与内容，优化地理模块教学效果，帮助学生更好地理解掌握学习内容，解决教与学的问题。高中地理课程的教学设计应符合学生的身心特点和接受能力，要有利于引导学生的地理理性思维和探究性学习。

第一节　地理课程解构与教学论建构

一、高中地理课程解构

（一）教师对高中地理课程的宏观解构

1. 基于课程内容的宏观解构

　　现行高中地理课程由必修课程与选修课程组成。高中地理必修课程共 6 学分，由"地理1""地理2""地理3"（各 2 学分，36 课时）三个模块组成。这三个模块是递进关系，即必须先学"地理1"，再学"地理2"，后学"地理3"。"地理1""地理2"和"地理3"既相对独立，又相互联系，构成一个整体。

　　"地理1"以自然地理内容为主，包括地球的宇宙环境、地球的四大圈层、自然环境的整体性及差异性等传统内容，但又不拘泥于纯自然地理结构，以"自然环境对人类活动的影响"作为总结，紧扣可持续发展这一核心论题。"地理2"以人文地理内容为主，包括人口与城市、工农业区位因素等经典内容，但也不拘泥于纯人文地理结构，以"人类与地理环境的协调发展"结尾，阐述可持续发展的缘由、基本内涵和任务。"地理3"以区域地理内容为主，介绍区域同人类的关系、区域的开发整治等，同样紧扣可持续发展这一核心论题。当然，"地理3"介绍的区域的内涵等内容，和初中地理介绍世界和中国各地概况的区域地理是完全不同的。"地理3"同样不拘泥于学科体系，在最后部分介绍体现时代气息的"地理信息技术的应用"，紧跟地理科学的时代步伐，顺应世界发展潮流。必修课程的三个模块，涵盖了现代地理学的基本内容，体现了自然地理、人文地理和区域地理的联系与融合，并且注意其结构的相对统一和教学内容的新颖、充实，使课程具有较强的基础性和时代性。

　　高中地理选修课程由"宇宙与地球""海洋地理""旅游地理""城乡规划""自然灾害与防治""环境保护"和"地理信息技术应用"（各 2 学分，36 课时）七个模块组成。这些选修模块涉及地理学的理论、应用、技术等各个层面，内容多关注与地理密切相关的生产生活领域，凸显地理学的学科特点与应用价值，并且有些选修模块的设置以目前中学地理教学界的教学实践为依据，以高中学生的兴趣爱好为出发点，目的是开阔学生的视野，进一步提高学生的科学精神与人文素养。

高中地理选修课程的设置是从学生的特长、爱好、兴趣和发展角度出发的，因此所有的地理选修模块是完全平行的。课程标准对于选修课程学习顺序不做具体规定，"选修课可以在必修课之前、之后或者同时开设"。这就是说，任何一个地理选修模块都可以在高一、高二或者高三开设，这样就有可能出现学生在还没有学习必修课程之时就修习某一选修模块的情况。地理选修课程之所以做出这样的设计安排，一是考虑地理课程相对来说不像数理化课程那样具有严格的知识递进性，在没有必修课程基础的情况下，学生基本上还是可以修习地理选修模块的绝大部分内容的；二是考虑部分地理选修模块允许安排在高二甚至高一学习，这样可以避开高三年级的选修高峰，并且完全让学生从个性特长出发进行选择。三是对于个别需要某些基础知识的教学内容，就需要任课教师克服困难，适当地做一些铺垫工作。

2. 基于过程与方法的宏观解构

（1）地理课程"过程与方法"目标的权威解读

在现行高中地理课程标准中，"过程与方法"目标包含三个层面。

第一是"初步学会通过多种途径、运用多种手段收集地理信息，尝试运用所学的地理知识和技能对地理信息进行整理、分析，并把地理信息运用于地理学习过程"，侧重地理信息的收集、整理、分析、运用能力的培养。在高中阶段，相对来说这一目标属于初级水平目标，但对高中学生来说，不会收集地理信息并将其运用于学习过程就谈不上进一步地解决地理问题。所以它是"过程与方法"目标的基础。[①]

第二是"尝试从学习和生活中发现地理问题，提出探究方案，与他人合作，开展调查研究，提出解决问题的对策"，侧重发现地理问题、解决地理问题能力的培养。这一目标是在上一目标基础上的提升，并且也是最为关键的一个目标。其中，发现地理问题是前提，提出方案、对策是核心。倡导学生与他人合作，开展调查研究，寻找解决问题的途径和方法。

第三是"运用适当的方法和手段，表达、交流、反思自己地理学习和探究的体会、见解和成果"，侧重对地理学习结果的表达和交流能力的培养。以往的地理教学大纲，对于这一目标是忽视的。实际上，正确表达一个问题并不是一件很容易的事情，表达能力属于较高层次的能力。表达者要让听者明白，首先必须把问题全部"消化"并能融会贯通，然后表达得条理清楚、层次清晰，最后尽力讲究语言的声调节奏。实际上，表达能力是一项综合的能力。此外，交流也是一种能力，这也是新课程提倡培养的一种能力。

（2）教师对地理课程"过程与方法"目标的解构

要达成增长学生的知识与技能和情感态度价值观目标，"过程与方法"是极其重要的。我们可以将美国高中主流地理教材与我国地理教材进行比较，可以发现两者在"过程与方

① 陈澄，樊杰. 普通高中地理课程标准（实验）解读 [M]. 南京：江苏教育出版社，2003.

法"中存在巨大的差异。美国高中主流地理教材《地理：地质学、环境与宇宙》（浙江教育出版社）分八个单元，分别为第一单元地球科学（概述）、第二单元地球的构成（地壳物质组成）、第三单元地表的演化（地壳物质组成）、第四单元大气圈和海洋圈、第五单元动态的地球（板块构造学说和内力作用）、第六单元地质年代、第七单元资源与环境、第八单元地球之外（地球的宇宙环境）。

从美国高中主流地理教材的内容编排来看，可以发现其呈现出以下一些特征：①教材不讲究完整的知识体系。如教材中把地质作用与地表形态分解为"地表的演化"和"动态的地球"两部分，而且章节顺序并未前后相连。②教材内容的编排充分考虑学生的认知。基本按照时空上由近及远的思路进行编写，让学生从身边的地理现象观察起，然后逐步拓展到时空上距离较远的知识领域。如先研究地壳表面的演化，再到大气与海洋，再到肉眼难以观察到的地球内部、地质年代，再到遥远的宇宙空间（地球运动的相关知识也体现在这部分内容里）。

再来审视我国的地理教材，其编写思路基本与美国主流教材相反。首先强调知识体系的完整性，其次考虑知识体系的前后承接和已有基础。如要理解大气运动和大气环流，就必须具备地球运动的基础知识（地转偏向力是如何产生的，太阳直射点为什么会在回归线之间南北移动）；要理解外力作用对地表形态的影响，就必须首先理解宏观地形是如何形成的。这样，教材形成了一套严密的逻辑思维体系，同样在教学中也要求教师强化这种严密的逻辑思维体系，夯实基础。

事实上，我们在教学中常常遇到这样的情景，在还没有学习某个原理或知识点之时，学生会追问老师"这是如何形成的""为什么会这样"等问题。这表明学生是具有强烈的探究意识的。而反过来，如果事先学习过一些基础原理，学生对于"这是如何形成的""为什么会这样"等问题就觉得难以启齿。因为事先已经学习过一些原理，接下来的学习主要就是对这些原理进行验证，探究的价值已经大打折扣。

不可否认，中国特色的知识认知与能力建构有其优越性，即让学生具备了较为深厚和扎实的理论基础，在此基础上解决问题可以少走很多弯路。这也是中国学生在学习上往往比西方国家学生"技高一筹"的主要原因。但是，同样不可否认的是，这种知识与技能的建构策略，大大削弱了学生的创造力和探究能力，这也是地理教学在"过程与方法"目标中需要反思的。

3. 基于课程价值观目标的宏观解构

（1）地理课程"情感态度与价值观"目标的权威解读

"情感态度与价值观"目标的第一条是"具有探究地理问题的兴趣和动机，养成求真、求实的科学态度，提高地理审美情趣"。激发学生学习地理的兴趣、动机，以往仅仅被理解为一种手段和策略而已，它不可能成为地理教学活动的目标。而这次地理课程标准将其提升到一个很高的层次，认为激发兴趣和动机本身就应该成为课程与教学的一个目标。这是因为假如学生没有学习地理的兴趣和动机，那么地理学习活动就不可能有效运行，即使能短暂地运行也不可能长时间地维持。这次地理课程标准将学习兴趣、学习动机的激发和培养列为"情感态度与价值观"目标的第一条，可见对情意领域这一方面内涵的重视。此外，科学态度、审美情趣的培养也是地理学科的重要任务。

"情感态度与价值观"目标的第二条是"关心我国的基本地理国情，关注我国环境与发展的现状与趋势，增强热爱祖国、热爱家乡的情感"。让学生关心国情、热爱祖国、热爱家乡是地理学科传统、经典的课程目标，地理和历史这两门学科被称为进行这方面教育的"双翼"。有关情意领域在这一方面内涵的重要性和必要性以往已有很多剖析，这里不再赘述，这次高中地理课程标准继续强调这些方面情感的培养。需要补充说明的一点是，在了解我国的基本地理国情方面，这次特别强调"关注我国环境与发展的现状与趋势"。

"情感态度与价值观"目标的第三条是"了解全球的环境与发展问题，理解国际合作的价值，初步形成正确的全球意识"。以往的地理教学大纲在提出爱国主义教育的同时往往还强调国际主义教育。随着时代的发展，在当前的国际大环境下再强调"阶级斗争"、强调"反对共同的阶级敌人"、强调"输出革命"的"国际主义"，已不合时宜。取而代之的应该是具有时代特征的"国际合作"和"全球意识"教育。在全球的资源、人口、环境、经济、社会与发展方面，对学生进行"国际合作"和"全球意识"教育，是地理学科义不容辞的使命。

"情感态度与价值观"目标的第四条是"增强对资源、环境的保护意识和法制意识，形成可持续发展观念，增强关心和爱护环境的社会责任感，养成良好的行为习惯"。可持续发展教育在"知识与技能"领域已有目标要求，但是仅让学生知道"可持续发展的意义及主要途径"还不够，还必须在认知与情意和谐统一的轨道上，使学生进一步产生意识、形成观念、增强责任、养成习惯，从而使学生遵守"环境道德""资源道德""人口道德"，使可持续发展战略思想深入人心。这是地理学科的责任所在，也只有这样才能使地理学科真正地担当起"中小学可持续发展教育的主渠道"的任务，实现"从全球的角度、宏观的角度、综合的角度、区域的角度来分析全球环境并进行可持续发展教育"的目标。

（2）教师对地理课程"情感态度价值观"的解构

地理教学向来有以人地协调为主线，强调价值观教育的优良传统。但在知识中心主义和价值多元化盛行的大背景下，地理教学也存在价值引领缺位，重工具价值轻人文价值，过分注重知识传承，轻视能力、情感态度与价值观培养等问题。具体教学实践中，地理价值观教育"口号式""贴标签式"现象较为突出，有效落实价值观教育的形势不容乐观。

在以培育学生核心素养，落实立德树人目标为原点的地理课程的教学实践中，教师必须着力解决以下问题：该如何教学才能落实地理学科核心素养之一，也是地理价值观的核心内容——人地协调观？要解决这个问题，就要求地理教学既要继承传统，也要进一步优化和创新教学策略，通过人文性的养成教育，唤醒学生心中的道德感，激发学生潜在的道德力量。

（二）教师对高中地理课程的微观解构

1. 对教学内容的微观解构

教学除了要对课程有宏观把控之外，绝大多数时间是落实在每一堂课的具体教学内容之上的。教师做好每一堂课教学内容的解构，才能具体实施核心素养培育，有效落实立德树人根本任务。

教师在备课过程中不仅要明白怎么教，还要明白为什么要这样教，这就迫使教师去认真学习教育教学理论，去认真思考如何解决理论与实践脱节的问题，从而促进教师从理论上去认识教学规律。

（1）理解教材

理解教材的目的有两个：一是确定学习内容的范围与深度，明确"教什么"；二是揭示学习内容中各项知识与技能的相互关系，为教学顺序的安排奠定基础，知道"为什么这样教"和"如何教"。理解教材包括以下几方面。

①理解教材的地位作用

要理解课标对所教内容的要求，理解所教内容在节、单元、年段乃至整套教材中的地位、作用和意义，解读教材编写的思路与结构特点。

②理解教学目标

要对教学目标的特点有清晰的认识。教学目标包含三个层面：一是目标的完整性，教学目标应该包括知识与技能目标、过程与方法目标和情感态度与价值观目标三个维度；二是目标的可行性，即教学目标要符合课标的要求，切合各种层次学生的实际；三是目标的可操作性，即目标要具体、明确，能直接被用来指导、评价和检查该课的教学工作。

③理解教材的重点难点

教学重点除知识重点外，还包括能力和情感态度价值观的重点。教学难点是那些比较抽象、离生活较远或过程比较复杂，学生难以理解和掌握的知识。

（2）了解学生

了解学生就是了解教学对象。学生是学习的主体，因此教师必须清楚了解学生的情况。了解学生包括以下几方面。

①了解学生的学习经验

了解学生学习新知识前已具有的基础知识和生活经验，他们的知识和经验对学习新知识将产生什么样的影响等。

②了解学生的技能态度

分析学生掌握学习内容所必须具备的学习技巧，以及分析学生是否具备学习新知识必备的技能和态度。

③了解学生的特点风格

了解学生的年龄特征，以及由身体和智力上的个别差异所形成的学习方式与风格的不同。

（3）教学方法的运用

①明确教法组合

教法的组合，一要考虑能否取得最佳效果，二要考虑师生的劳动付出是否体现了最优化原则。一般一节课以一两种教学方法为主，穿插渗透其他教法。教法组合要考虑教学目标、教材编排形式、学生知识基础与年龄特征、教师自身的特点以及学校设备条件等方面。因为教学过程是教与学的统一过程，这个过程必须是教法和学法同步的过程。

②明确教学手段

教学手段是指教学工具（传统教具、课件、多媒体、计算机网络等）及其使用方法的选择，要尽可能使用现代化的教学手段。教具的选择一忌多，使用过频会使课堂教学变成教具或课件的展览；二忌教学手段过于简单，不能反映学科特点；三忌教学手段流于形式。教学手段需要依据教学目标、教材内容、学生的年龄特征、学校设备条件等来确定。

（4）教学程序设计

教学程序设计是备课的重点部分。因为只有通过这一过程才能有效贯彻执教者的教学理念，充分体现教师的教学思想、个性与风格。也只有通过对教学过程的具体实施，才能看到教学安排是否合理、科学和艺术。教学程序通常要明确下面几个问题。

①教学思路的设计

教学思路主要包括各教学环节的顺序安排及师生双边活动的安排。教学思路要层次分明，富有启发性，能体现教师和学生的主体作用。

②教学重点、难点的处理

教师高超的教学技艺体现在突出重点、突破难点上，这是教师在教学活动中投入的精力最大、付出的劳动最多的方面，也是教师的教学深度和教学水平的体现。教师在备课中，必须有突出的教学重点，有突破教学难点的基本策略，从知识结构、教学要素的优化、习题的选择和思维训练、教学方法和教学媒体的选用、反馈信息的处理和强化等方面去重点突破。

③各教学环节的时间分配

要联系实际教材内容、学生实际和教学方法等进行各个教学环节的时间安排。要特别注意充分利用一节课里的最佳时间（第20～25分钟）和黄金时间（第15分钟）。

④板书设计或电子课件设计

要注意知识科学性、系统性与简洁性，文字（图像或视频）要准确、简洁。

（5）教学效果的预测

教学效果是教学目标的归宿和体现。教学效果的预测，既反映了教师对教学目标的期望，又反映了教师对教学目标的自我把握程度。教师在备课时，要对学生的认知培养、智力开发、能力发展、思想品德的养成、身心发展等方面做出具体的、可能的预测。

2.课堂教学策略的微观解构

（1）地理教学难点突破的教学策略解构

叶圣陶先生说："教学有法，教无定法，贵在得法。"在长期的教学实践中，地理教师创造了许多行之有效的方法，这个"法"就是教学规律。但是地理教学要从实际出发，要因时、因人、因地、因材（教学素材）而异，不能束缚在某种成法中，而应该采用适宜的方法，这叫教无定法。也就是说，教无定法是指教学方法不是一成不变的，而应根据具体情况的不同灵活运用。地理教学既有法可循，但又不宜执着于一法。"教学有法"和"教无定法"是对教学活动的全面概括，两者之间又是互补的关系。总之，地理教学要因时制宜、因人制宜、因地制宜、因材制宜，这就需要教师针对具体问题进行教学策略的解构。

①地理知识难点突破和能力提升的教学策略解构

地理学是一门研究地球表面自然现象和人文现象以及它们之间相互关系和区域分异的学科，也即研究地理环境以及人类活动与地理环境关系的学科。它具有两个显著特点：综合性和地域性。其研究的对象——地理环境是地球表层各种自然要素、人文要素有机组合而成的复杂系统；其不仅研究地理事物的空间分布和空间结构，而且阐明地理事物的空间差异和空间联系，并致力于揭示地理事物的空间运动、空间演变的规律。

扬·阿姆斯·夸美纽斯认为，教与学应遵循"便易性""彻底性"和"简明性与迅速性"三条原则，"每件事都应该彻底地、扼要地、简练地教，使悟性经过一把钥匙开启以后，就能自行解释新的困难"。心理学家把知识分为陈述性知识（"知道什么"，包括狭义的知识）、程序性知识（技能）（"知道为什么""如何办事"）和策略性知识（"知道怎样有效办事"）。在不同的知识类型中，陈述性知识和程序性知识是外显、可言传、可编码的知识，而策略性知识是内隐的，只可意会的经验类知识。经济合作与发展组织（OECD）认为："学习的一个基本方面是将隐含经验类知识转化为编码化的知识并应用于实践，进而又发展出新的隐含经验类知识。"教学中教师应努力把隐含经验类知识很好地转化为编码化的知识，使学生在地理学习中充分调动思维的积极性，认真领悟地理原理和规律，形成解决地理问题的策略。

②地理价值观教育难点突破的教学策略解构

全面深化课程改革的核心在于落实立德树人根本任务，培育学生核心素养。这就要求地理课堂不仅要有效落实知识与技能传授，还要传递社会主义核心价值观。

许多优秀课例（教学设计）在落实地理三维目标方面，均有自身的独到之处，但就落实情感态度与价值观目标而言，仍有很大的改进空间。主要问题表现在以下几方面。

第一，目标叙述空泛且缺乏具体教学环节与之对应。相对于"知识与技能""过程与方法"两个维度的教学目标，当前的地理教学设计对于"情感态度与价值观"目标多为较空泛的叙述，缺少具体的教学环节与之对应。

第二，过程与方法目标指向单一，缺乏有效的教学策略支撑目标的实现。

正确熟练地掌握"过程与方法"，对于地理知识的掌握和地理技能的形成，以及情感态度与价值观的培养都具有促进作用。在具体教学实践中，尽管很多教师重视过程与方法目标的实现，但仍存在如下问题：过程与方法的目标主要指向知识与技能的形成，而情感态度与价值观形成的过程与方法常常被忽略，缺乏有效的教学策略支撑价值观目标的实现。

（2）"陈述型"教学内容的教学策略解构

在地理教科书中，存在一部分以陈述型知识为主的教学内容，这些教学内容是地理知识体系或地理观念形成的重要组成部分。但这类教学内容对于很多教师而言如同"鸡肋"，在教学中觉得十分难处理，若照本宣科，学生会觉得学着无味，教师也觉得教得没趣。因此，教学中教师往往压缩课时，将其一带而过。加强"陈述型"内容的教学策略研究，对于有效培养学生地理核心素养具有重要意义。

二、高中地理教学论建构

建构主义教学理论认为知识不是由教师灌输的，而是由学习者在一定的情境下通过协作、讨论、交流、互相帮助，并借助必要的信息资源主动建构的；建构主义教学理论主张以学生为中心，突出学生是信息加工的主体，是知识意义的主动建构者；建构主义教学理论强调学习的合作性，强调同伴的重要性，注重学习能力的发展，提倡教师在课堂上提供问题原型，为学习者创设一个真实的任务情境，指导学习者进行积极主动的学习建构。

建构主义教学理论最初由瑞士日内瓦学派的创始人、心理学家和发生认识论专家皮亚杰（Jean Piaget）创立，苏联心理学家维果茨基（Lev Vygotsky）和美国心理学家布鲁纳（Jerome Seymour Bruner）在皮亚杰理论的基础上加以发展和完善。

（一）皮亚杰认知建构主义图式理论

皮亚杰（1896—1980 年），瑞士心理学家，发生认识论创始人。他先是一位生物学家，之后成为发生认识论的哲学家，更是著名的发展心理学家、国际上建构主义教学理论的创立人。

皮亚杰的建构主义教学理论强调学习的情境性、社会性、过程性和主动性。他认为，世界是客观存在的，但是对于世界的理解和赋予意义却是由每个人自己决定的。所谓的教学，是学习者以自己的经验为基础来建构事实或者解释事实，教师的重要职责和作用，就是要创设一个有利于学习者的情境，促进学习者更加积极主动地利用原有的知识经验来建构知识。皮亚杰对这一教学活动过程应用建构主义图式理论进行了系统的阐释。[①]

所谓的"图式"，是建构主义一个重要的概念，主要指个体对世界的知觉理解和思考的方式。图式的形成和变化是认知发展的实质，按照皮亚杰建构主义图式理论，人在与周围环境的作用中都具有适应和建构的倾向，即学习过程，是学习者与学习环境相互作用的结果，包括同化、顺应、平衡三个基本过程。

1. 同化（assimilation）

皮亚杰借助一个生物的概念，即有机体在摄取食物后，经过消化和吸收把食物变为自己本身的一部分的过程，描述学习者，"把外界元素整合到自己一个正在形成或已经形成的认知结构中"的学习过程。

2. 顺应（accommodation）

当学习者遇到不能用原有的认知（图式）来同化新的知识时，便要对原有图式加以修改或重建，即"同化性的图式或结构受到它所同化的元素的影响而发生的改变"，以适应客观

---

① 李依铭 . 普通高中地理实证教学研究 [M]. 厦门 : 厦门大学出版社 ,2013.

新的变化，这就是顺应的过程。

3. 平衡（equilibration）

学习者的认知（图式）在学习过程中通过同化和顺应而不断发展，以适应新的环境，形成新的认知的过程，即通过学习建构使认知发展从一个平衡状态向另外一个更高的平衡状态过渡的过程。

皮亚杰认为，同化主要是指个体对环境的作用，顺应主要是指环境对个体的作用。可以看出，顺应是与同化相伴而行的。如果将同化看作是一个认知量变的过程，是个体知识结构的重复和再认；顺应则是一个认知质变的过程，有对于知识结构的扩展和修正，会形成一个新的认知图式，顺应的产生以同化为前提。

（二）维果茨基社会建构主义教学思想

列夫·维果茨基（1896—1934）是苏联早期杰出的心理学家、社会文化历史学派的创始人、现代心理科学的奠基人之一，也是20世纪世界三大心理学家之一，被誉为"心理学界的莫扎特"。

在20世纪上半叶心理学界行为主义、唯心主义盛行的氛围下，维果茨基运用唯物史观和辩证法创造性地解释了人的心理机能及其与社会文化的共生关系，揭示了人类认知和思维的社会文化根源，创建了社会建构主义理论，与皮亚杰一道促进了建构主义的发展和壮大。

维果茨基的社会建构主义教学思想，主要概括为三大方面。

1. 建构的社会情境

维果茨基的社会建构主义与皮亚杰的认知建构主义，均不否定学习者个体认知建构的意义，但前者更强调个体知识的社会建构，强调社会文化和社会情境对不同建构者的背景作用。维果茨基的社会建构主义从发生学的角度对知识进行阐释，反对传统教育把学习者和社会割裂开来，把教育看成是学习者和所要学习的客观事物之间一一对应的关系。社会建构主义认为知识来源于实践，思想只能产生于对学习者有意义的情境中，而情境离不开社会环境。维果茨基指出，知识的获得是代表个体与当时社会环境互动与沟通后的一种共识。个人所具有的主观知识就其本质而言是个体内化了的，即使再建构客观知识也是获得了个人主观的内在表现。

由此可见，维果茨基与皮亚杰一样重视学习的认知过程，但是更加强调学习的社会语境在认知过程中的建构作用，而这也正是社会建构主义的最大特点。

2. 建构的发展效应

维果茨基认为，个体在知识的社会建构过程中，借助交往可以促进个体社会化，形成与他人的和谐关系，并培养个体形成相应的社会性素质，促进学生的发展。

（1）社会建构循环

社会建构主义的独到之处是同时考虑主观与客观知识并将两者联系起来，使之互相促进。

维果茨基认为新知识的形成，首先源于个人在已有知识经验基础之上对新知识的主观建构，通过个体内化和再建构，在获得意义的基础上将客观知识转变为学习者个人的主观知识。个人依据这一主观知识，再进一步建构并形成新的知识，由此完成知识建构的一个循环。可以看出，在知识的社会建构过程中，学生的主观知识与客观知识彼此促进着对方的产生、更新与再生产。学生的知识来源，既与学校课堂的书本学习有关，又与学生所处的社会背景、文化情景密不可分、相互联系。

（2）建构符号机制

维果茨基认为，个体的发展图式主要是从外部的活动开始，到个体的活动结束，符号机制在这种"由外向内"的过程中起着转化纽带的作用。因此，社会建构主义将人的发展需要置于社会文化的情境之中，将中介手段（主要指语言等）作为强大的认知工具，负载着人的思维方式、价值观念、活动方式，通过传递文化达到表达思想和交际的目的，而理解语言同时也具有建构文化的意义。

（3）社会性发展与学生视野拓展

维果茨基认为个体要根据社会的一般规范、价值、态度、信仰等来调节自己的行为。学生对问题的认识，并不是在封闭的学校课堂中自然生成的，而是个体在与社会、环境的接触中产生视界融合、达成共识。

因此，维果茨基认为在教学过程中，学生个体会以语言为中介，运用自身的文化资源对信念、观点、态度、行为、价值观等做出选择，塑造和调整自我认同，形成自己的世界观。维果茨基指出，不同的文化内容其传递方式也各不相同，具有文化主体意识的学生个体通过学习新的文化后可以突破单一文化的狭隘性，以便更从容地进入多元文化的视野。

3. 建构的最近发展区

维果茨基在文化历史发展研究的基础上，创造性地提出了"最近发展区"理论，即学习者"独立解决问题的实际发展水平与在成人指导下或在有能力的同伴合作中解决问题的潜在发展水平之间的差距"。维果茨基认为学生的发展有两种水平：一种是学生的现有水平，另一种是学生可能的发展水平。两者之间的差距就是最近发展区。

（1）动态评估

"最近发展区"理论提出，教学应着眼于学生的最近发展区，为学生提供带有难度的内容，调动学生的积极性，发挥其潜能，逐步超越其最近发展区，然后在此基础上进行下一个发展区的发展。

维果茨基认为，教学只有针对最近发展区，才能促进学生的发展，而一旦教学停滞在现在发展区，只能阻碍学生的持续发展。发展的过程就是不断把最近发展区转化为现有发展区的过程，即把未知转化为已知、把不会转化为会、把不能转化为能的过程。因此，教师在备课阶段和教学实施过程中要不断地及时了解学生的认知结构，动态地评估学生的学习状态和学习水平，使教学能够走在学生知识、技能和能力发展的前面起到"引导"作用，对学生的发展形成一定的期望，激励学生更容易、积极地突破现有的状态，发展自身的潜质，不断进步。

（2）支架教学

支架式教学，是维果茨基以最近发展区理论为基础的一种建构主义的教学模式。所谓的支架，即教师应当对学生的学习提供必要的"铺路搭桥"式帮助，使得学生在主动认知建构中能够顺利完成学习任务。

在运用支架式教学中，维果茨基的最近发展区理论强调学生在教师指导下的建构活动，目的是要教师逐渐减少指导的成分，最终要使学生实现独立学习发现，将监控学习和探索的责任由教师逐渐向学生转移。此外，为了更好地形成学生的认知效果、实现有效教学，在运用支架式教学时，既要保证提供的支架不能太难，也不能太容易，即要使学生一直处于最近发展区之内。要知道，只有根据学生的"最近发展区"搭建的"脚手架"，对学生的发展才是最有效的。

（三）布鲁纳认知–发现建构主义教学观

杰罗姆·布鲁纳（1915— 2016）是哈佛大学教授，美国著名的教育心理学家、教育改革家。他于1960年创建了哈佛大学认知研究中心，任中心主任；1962—1964年间，任白宫教育委员会委员。

布鲁纳十分重视认知发展的研究，强调对学习者认知结构以及认知能力的发展，注重对知识结构的理解，提倡发现学习，对建构主义教学理论的发展做出了重要的贡献。

1. 认知学习

布鲁纳的认知教学观，主要观点有两方面：

（1）学习者的学习是主动地形成认知结构的过程

布鲁纳认为，人的学习过程包括新知识的获得、知识的转化、知识的评价，实际上就是学习者主动地建构新认知结构的过程。在这个过程中，人将会主动对进入感官的信息进行选择、转换、存储和应用，而不是一个知识的被动接受者。因此，学习是在原有认知结构的基础上产生的，不管采取的形式怎样，个人的学习，都是通过把新得到的信息和原有的认知结构联系起来，去积极地建构新的认知结构。

（2）学习者应当注重对学科基本结构的学习

布鲁纳认为教师要把教学活动的主要精力放在促进学生对学科基本结构的理解和掌握上。他认为，所有的知识，都是一种具有层次的结构，这种具有层次结构性的知识可以通过一个人发展的编码体系或结构体系（认知结构）而表现出来。人脑的认知结构与教材的基本结构相结合会产生强大的学习效益。如果把一门学科的基本原理弄通了，则有关这门学科的特殊课题也不难理解了。

因此，布鲁纳十分重视课程的设置和教材建设，力求能为学生的学习建构创设一套概括了学科基本思想或原理的学习平台。

2.发现学习

布鲁纳提倡学习者通过主动发现形成认知结构。他认为学习的最好动机是对所学材料的兴趣，教学既要考虑人的已有知识结构、教材的结构，也要重视人的主动性和学习的内在动机。

布鲁纳提倡发现学习法，关心学习过程更胜于关心学习结果。他认为具体的知识、原理、规律等可以让学习者自己去探索、去发现，这样学生便积极主动地参加到学习过程中去，通过独立思考、改组教材，提高人的智慧潜力，使外来动因变成内在动机，学会发现，增强对所学材料保持记忆，以便使学生更有自信地主动学习。

布鲁纳的认知—发现建构主义教学观，对实施高中地理实证教学具有积极的指导意义。认知—发现教学观强调学习的主动性，强调已有认知结构、学习内容的结构、学生独立思考等的重要作用，具有重要意义。

（1）从学习认知方面，认知 - 发现建构主义教学观强调学习者通过新、旧认知结构的联系和整合，强调学习掌握学科基本结构的作用。

这种教学观启示我们，在高中地理实证教学中应从教学目标达成、能力目标取向和学科逻辑思维发展三方面，增强学生对学科基本结构认知建构的适应性。

第一，在实证教学材料呈现上，高中地理实证教学要求地理教师注意收集、遴选和甄别，精选能够体现地理学科"基本概念和原理等学科结构最基本的要素"的内容，如实证教学必须直接指向课程标准，是高中地理实证教学的基本要求。

第二，在教学目标达成上，高中地理实证教学要求地理教师要注意从知识与技能、过程与方法、情感态度价值观三个目标维度细化要求。例如，我们在设计每一个实证教学专题时，对"过程与方法"目标的教学，都需要在三个层面有较好的体现：一是要重视要求、引导和安排学生学会从地理实证材料中获取和正确解读地理信息的过程与方法；二是重视引导学生学会从地理实证材料中发现地理问题，开展学习探究，实现与书本学习在认知结构的同化和顺应；三是更积极并切实提供更多的实践机会，让学生有机会使用地理学科的语言描述实证材料反映的地理事物，阐释有关的地理问题。

第三，在能力目标取向上，高中地理实证教学要求地理教师重视按照现行国家颁发的课程标准、高考大纲规定的能力目标实施教学。例如，在一个实证教学专题探究方面，循课标、大纲依序安排四大认知步骤：获取和解读地理信息；调动和运用地理知识、基本技能；描述和阐释地理事物、地理基本原理与规律；论证和探讨地理问题。

第四，在学科逻辑思维发展上，高中地理实证教学要求地理教师要注意体现地理学科的形式逻辑和辩证逻辑。在形式逻辑方面，我们在高中地理实证教学设计中要较好地体现从地理事物到地理问题，从自然地理到人文地理，从描述阐释到探究论证，由表及里，由近及远，由浅入深，循序渐进的认知建构过程；在辩证逻辑方面，高中地理实证教学设计要较好地体现地理事物的整体性与差异性，地理事物、地理要素之间的相互联系与因果关系，地理事物与地理问题对地理环境影响的有利、不利的一分为二的思想。

（2）从发现学习方面，认知发现建构主义教学观提倡发现教学，注重直觉思维。

这种教学观启示我们，在高中地理实证教学中应强调学习过程，强调直觉思维，强调内在动机，强调信息提取。在实施实证教学上要更注重与实际相结合，以可持续发展为指导思想，以人地关系为主线，以当前人类面临的人口、资源、环境、发展等问题为重点，全面体现地理课程的基本理念，要求学生在梳理、分析地理事实的基础上，逐步学会运用基本的地理原理探究地理过程、地理成因以及地理规律等。

第一，高中地理实证教学是一种符合高中地理课程方案和标准的研究性探究学习，较好地体现布鲁纳的"发现学习"和"发现教学"教学观，以培养创新精神和实践能力为主要目的，即构建旨在培养创新精神和实践能力的学习方式及其对应的教学方式。所以，高中地理实证教学过程能够较好地体现发现教学的基本程序：创设发现问题的情境→提出学习探究的地理问题→调动学生已有的认知图式（地理知识和技能）→做出符合地理科学的结论→形成地理能力。布鲁纳认为"发现"依赖于"直觉"思维，高中地理实证教学基于丰富的地理学科时政的实证材料，为学生的同化、顺应认知建构提供充分的空间，引导学生"去发现那里发生的事情的过程，进而发现他们自己头脑里的想法"，达到让学生主动地去发现知识，而不是被动地接受知识。

在发现式教与学中地理教师积极地发挥主导作用，十分关键。如实证教学中提出的研究性学习探究问题要符合正确、明确、贴切三方面要求，学习探究过程必须有一定的时间安排保证，学生的学习探究要鼓励相互分享交流，最后老师应当及时总结，实现学习达成有效。

第二，高中地理实证教学较好地体现布鲁纳的"发现学习"和"发现教学"教学观所提倡的"螺旋式课程"特点。

高中地理实证教学的设计与实施，十分重视在书本基础上联系实际的替换、转换和变换，例证、举证和实证，很好地体现了"螺旋式课程"的"发现学习"和"发现教学"，有利于学生在课程认知建构中形成螺旋式上升的图式态势。

总体来说，高中地理实证教学很好地达到促进学生自己发现问题、解决问题，学会发现新知识的思考方式；能够不断提高学生智慧；有助于激励学生自己发现事物的关系和规律，增强学生的内部学习动机；体现地理教学"从问题情境出发，建立模型，寻求结论，应用与推广"的基本过程和教学要求。

第二节 高中地理教学资源开发与利用

一、教师对自身生成性资源的开发与利用

生成的本义是生长和建构，教学活动的生成是根据课堂教学本身的进行状态而产生的动态形成的活动过程，具有丰富性和生成性。新课程的最高宗旨和核心理念是"一切为了每一个学生的发展"。"发展"就是一个动态的生成过程，这个过程中的因素和情境无法预见，也

就产生出许多的生成性问题。生成可分为两种，一类是我们预设下的现象，另一类是我们不曾预设到的现象。"动态生成"是新课程理念下课堂教学的主要特征，它强调课堂教学要改变传统课堂教学固定不变、按部就班、机械僵化的模式，主张课堂教学必须构建生成性的探究性活动过程。

对教师而言，教学活动没有固有的教学模式，必须根据教学的动态性、灵动性和情境性等特征，随时审视自身的教学行为，生成新的认知，并针对存在的问题提出改进措施，做出相应的调适。从社会学角度看，调适是对冲突情境加以适应的状态或过程。教师的课程实施过程，是一个螺旋式循环提升的过程，即对课程解读、解构、预设和生成，并针对教学活动中呈现出的与自身预设不一致的行为予以调整和适应，再进一步解读、解构、预设和生成。如此周而复始，方能提高教师的业务素质和教学艺术。

二、教师对学生生成性资源的开发与利用

教学的情境性和建构性决定了教学预设与学生生成之间是一种非线性关系，即学生生成往往会与教师预设不一致。在传统教学方式中，一旦学生生成与教师预设不一致，教师往往用一种粗暴的方式将学生的认知强拽至教师预设的轨道上。这与《关于全面深化课程改革，落实立德树人根本任务的意见》中提出的遵循教育规律和学生成长规律，培育学生核心素养、全面落实立德树人根本任务的要求显然是格格不入的。地理教师必须从原来重点关注教学预设，转变为既关注预设又关注学生生成，尤其是与教学预设不一致的生成，甚至是高于教学预设的生成，应将其作为重要的课程资源予以开发利用。这样既有利于提升学生主动参与课程建构的积极性，又有利于促进学生地理观念的内化和能力的提升，使教学生成由原来的被动转为主动。对于学生生成性资源的开发利用，主要分为以下方面。

（一）偏离教学预设的地理课程资源开发与利用

教学中经常有学生生成与教师预设不一致的现象，这其中大多都是很有价值的课程资源。传统教学中，教师往往将这些资源弃如敝屣，将自己的预设强加给学生。在教学中，教师应积极尝试运用偏离教学预设的地理课程资源，使其发挥积极作用。

（二）教学预设之外的"闪光点"的捕捉与利用

课堂是活的，在实际的课堂教学中，学生的生成会高于教师的预设，教师要善于把握教材、善于捕捉课堂中的动态生成资源，运用自己的教育智慧启发学生，随机渗透地把这些资源转换为教学资源，从而使课堂教学焕发活力。在教学中，教师应珍视学生的感受，巧抓生成点；捕捉亮点资源，随之生成；强化问诊，赋予课堂灵动与活力。

（三）发挥学生特质的地理课程资源开发与利用

新课程强调教学要充分发挥学生的特质与特长，如加强合作探究、注重实践、注重思维碰撞交流等。在教学中，教师应加强对学生特质的研究，结合教学实际注重发挥学生的特质

与特长，使学生主动参与到课程建构与实施过程中，提升学生能力。尤其是在选修课程开发与教学中，要注意知识、兴趣特长、社会实践与职业技能等元素的有机融合，使地理选修课程教学成为培育学生地理核心素养，促进落实立德树人目标的重要载体。[①]

第三节　高中地理教学目标的确认

一、整体把握教学目标的"三维"

"三维"目标是一个整体。知识与技能仍然是新课程的重要目标，是教学的基石，同时，它又是载体，学生思考、解决问题能力的形成和情感态度与价值观的培养，都是依附于知识的发生、发展，是在探索知识的过程中得以形成和发展的。而知识与技能、情感态度与价值观的目标必须依托教学活动的过程来实现，没有过程就没有体验和感悟，也不可能形成技能。"三维"目标是新课程的三个维度，而不是三种目标，犹如立方体的长、宽、高三条棱那样构成立体的形状，它们都以学生的发展为"顶点"，构成的三个面相辅相成、交融互进。

相对于学生发展这一总体目标，任何一个目标都不能脱离整体而单独优先发展。其中，"知识与技能"目标只有在学生积极认知和实践运用的过程中才能实现；"情感态度与价值观"只有伴随着学生对学科知识技能的学习、运用和反思才能得到提升；而"过程与方法"，只有学生以积极的情感、态度为动力，以知识与技能为适用对象，才能体现它本身存在的价值。[②]

（一）了解学生

教学目标是对学科总体目标的诠释，所以，教师必须结合本节课的教学内容，从学生的实际情况出发制定教学目标，切忌如空中楼阁，泛泛而谈，不切实际。要在制定教学目标时仔细分析学生的学习准备，了解他们在知识技能、认知能力、学习动机、方式方法等方面的一般情况和个别情况，并依照课程标准确定教学的出发点。要仔细考虑学生的差距，分析学生完成新学习任务需要怎样的过渡目标和先决技能，为学生设计实现目标的阶梯，提供完成学习任务需要的"跳板"，从而最大限度地使每一位学生在原有基础上获得发展。

教学目标应具有可操作性和可测量性，例如，通过地理综合实践活动，培养学生的创新意识和实践能力。我们绝不能把它当成一张美丽的标签，贴在每一课时的教学目标里，因为它是一个一般性的总体目标，是由一系列具体行为目标构成的，在一节课内是无法达成的。

（二）读懂教材

教材是课程标准精神的体现，是课程标准的具体化，是教学内容的载体，是教学过程的

① 耿文强. 聚焦核心素养：课程理解范式下的地理教学实践 [M]. 杭州：浙江大学出版社，2017
② 梁良樑. 直击新课程学科教学疑难（高中地理）[M]. 北京：教育科学出版社，2015.

支架，因此，在制定教学目标时要精研教材。首先，厘清知识框架，明晰知识脉络，从整体上把握文本。然后，确定学习的重点、难点和落实重点、突破难点的关键点，还有衔接学生学习起点的联结点。总之，读懂教材就是要把教材中学生看不到、摸不着的深层次含义挖掘出来（备出深度）；把梯度大的知识点、重难点分散化，一步一个台阶地引导学生进行深入理解（备出梯度）；把各知识点的精要方面和规律、原理进行归纳提取（备出精度）；使学生获得新的教材内容中有关的知识和观念（备出广度）。

（三）注意保持目标适度的弹性

课堂教学必须有明确的预设目标，但课堂教学是师生互动共生的学习旅程，随时都有可能发现意外的通道和令人激动的情景。因此，在教学目标的制定中要注意保持适度的弹性，为学生的主动发展留出时间和空间，为教学过程的动态生成创设条件。首先，将生成目标与预设目标融合起来，使课堂的生成基于预设又超越预设，尽量增加分类、比较、联想、对照、归纳、鉴别、解释、证明等行为过程来实现目标；其次，整合课程资源，优选案例，给学生学习新知识增加一些可以称为"背景"的东西，并明确这些"材料"的目的和指向。这样，在课堂教学中，学生兴趣浓了，参与意识强了，以推理为重点的思维训练、以形象为重点的内涵感悟都可动态生成，预设就可富有实效。同时，只有在实施预设时不拘泥于预设并能智慧地处理好预设与生成的关系，生成才会更加精彩。

二、具体化教学目标

教学目标具体化应包括以下内容：一是行为主体即教学对象学生；二是行为动词即学生的行为；三是行为条件；四是表现程度。为使教学目标具体、精确、可测量，叙写时应注意以下几点。

（1）教学目标的行为主体是学生而不是教师。我们地理教师习惯于采用"使学生……""提高学生……""培养学生……"等句式来叙写教学目标，这是不适应新课改要求的。教学目标应真正体现"以学生发展为本"的教学理念，体现教师角色的转变，要使用"辨认……""关注……""说明……"等以学生为主体的叙写格式。

（2）行为动词应精确、具体、可操作，避免使用含混不清或不切实际的动词。教学目标越明确、越具体，越有利于对学生外显行为的测量，也有利于教师有效地选择教学方法和教学组织形式，因此，应多采用如说出、背诵、选出、举例、识别、解释、比较、推断、分析、解决、形成、树立、建立、关注、认同、拒绝、参加、参与、交流、使用、运用、计算等行为动词。

（3）制定教学目标要考虑个性化差异。不同班级间或同一班级不同学生之间，学生的认知水平和生活经验是有差异的，因此，在制定教学目标时不要搞一刀切、同一模式同一标准，要充分研究学情，考虑个体差异，制定出有个性并符合学情的教学目标。同时，教师还应准确把握教学的广度和深度，教学目标的设计应具有层次性，这也是因材施教原则的要求。[①]

①季凤军.研读地理课程标准优化叙写教学目标 [J].地理教学，2003（8）：12.

三、培养学生的情感态度与价值观

新课程标准要求我们在教学中落实好"三维"目标，即知识与技能、过程与方法、情感态度与价值观。情感是指一个人的感情指向和情绪体验。态度是指人对客观事物或事物的发展过程表现出来的情感指向，包括对事情的基本观点和采取的相应行动，具有较强的情感倾向性。价值观是和社会性需要相联系的、人们判断客观世界的标准。这三个要素紧密联系、难以分割，作为教师，我们要从总体上对这三者进行理解，以利于运用到课堂教学中。

虽然"情感态度与价值观"这一目标提出多年了，教师们也接受和认可，在备课和上课过程中也不断渗透，但因为升学压力、重视程度不够、课时不足等原因，"情感态度与价值观"目标的实现仍然存在一些问题。例如在自然地理的一些章节中，有的教师备课时只注重知识与技能目标，而忽视情感态度与价值观目标；有的教师备课时教案虽写明情感态度与价值观目标，但上课时又只讲知识；有的教师对上课时师生新生成的很多情感态度与价值观的亮点和切入点视而不见。

那么，如何在教学过程中培养学生的情感态度与价值观呢？

（1）设计新颖别致的新课导入，激发学生学习地理的兴趣

课堂导入是课堂教学的开始，是一个非常重要的环节。课堂导入设计得好，将直接激发学生的求知欲和调动课堂氛围。设计课堂导入时，要从"情感态度与价值观"目标出发，既可以是新闻时事材料，也可以是学生生活实际，不但要激发兴趣，引导学生学以致用，还要使学生体会到地理学与现实生活的联系和地理学的实用价值。

（2）深挖教材中的德育素材，在课堂上加以渗透

新教材引入了很多阅读和活动材料，提供了大量的德育素材，课堂教学中要充分利用和挖掘。

（3）改革教学模式，创设广泛参与合作探究的空间

由于情感态度与价值观在教材中体现出渗透性，教师不能将其像知识一样灌输给学生，因此必须改革传统的教学模式，给学生创设广泛参与、探究、合作的空间，让学生在参与合作探究活动的过程中，产生体验，获得感悟，内化成个人的情感态度与价值观。

特别要注意设计探究活动时保证情感态度与价值观目标的实现，因为情感态度与价值观领域目标的实现往往是渗透在知识与技能领域目标的落实过程之中的，这就使得教师在设计活动时容易忽视情感态度与价值观领域的目标，而去重点关注知识与技能领域的目标。

（4）关注乡土地理和社会新闻热点，积累大量的素材

社会热点和身边的每件事都和一定的地理环境相联系，容易引起学生的兴趣和关注，更有利于培养学生关心社会的责任感。

第四节　高中地理教学的设计

一、教学设计的基本理论问题

（一）什么是教学设计

教学设计是根据教学对象和教学目标，确定合适的教学起点与终点，将教学诸要素有序、优化地安排，形成教学方案的过程。它是一门运用系统方法科学解决教学问题的学问；它以教学效果最优化为目的，以解决教学问题为宗旨。具体而言，教学设计具有以下特征。

第一，教学设计是把教学原理转化为教学材料和教学活动的计划。教学设计要遵循教学过程的基本规律，选择教学目标，以解决教什么的问题。

第二，教学设计是实现教学目标的计划性和决策性活动。教学设计以计划和布局安排的形式，对怎样才能达到教学目标进行创造性的决策，以解决怎样教的问题。

第三，教学设计是以系统方法为指导。教学设计把教学各要素看成一个系统，分析教学问题和需求，确立解决的程序纲要，使教学效果最优化。

第四，教学设计是提高学习者获得知识、技能的效率和兴趣的技术过程。教学设计是教育技术的组成部分，它的功能在于运用系统方法设计教学过程，使之成为一种具有操作性的程序。

（二）教学设计的基本程序

教学设计的目的是从学生角度出发，优化教学过程，促进学生发展。其基本内容包括教学目标设计、教学内容设计、学生情况分析、教学媒体的选用设计、教学方法与教学方式的优化组合设计、教学原则的优化组合设计、教学环境设计、教学效果的评价设计等。可以归纳为以下三方面：我们期望学生学习什么内容，即确定教学目标；为了达到预期目标，我们打算如何开展这种学习，即制定教学策略；在进行这种学习时，如何及时反馈信息进行教学评价。

教学设计首先要对学习者和学习内容进行分析；依据学生情况、前期教学状况等，对学习内容逐级分析，确定教学的形成性目标和终极性目标。依据目标选择适当的教学策略、教学方式、教学媒体，设计教学过程。在课堂教学中应用教学设计成果，并针对课堂教学反馈的实际情况进行及时调整，使教学设计逐步完善。

例如，"大气运动"的教学设计。这一节的教学重点是热力环流和水平方向上的风向判断。在进行这一节内容的教学设计时，针对高中学生接触的信息来源广泛、逻辑思维逐渐发展等特点和心理特征等进行分析，并对其已有的知识和前面所学的知识联系进行分析。然后对学习任务进行逐级分析，确定本节课的形成性和终极性教学目标。

教学目标确定后，选择适当的教学策略、教学方式和教学媒体，设计教学过程。如本节课终极性目标之一"热力环流的形成"的教学过程设计，先以"引导感性认知为先"和"教学进程因势利导"原则，做一个热力环流的小实验，让学生观察实验现象，结合学生已有的物理知识，得出初步结论；教师再将教材内容与实验结果相结合，利用板图引导学生得出热力环流的形成过程。然后，利用多媒体帮助学生完成"在水平等压线分布图上画出风向"的终极性目标，突破从立体到平面转换的思维难点。

二、地理课堂教学设计的实施策略

（一）领会课程标准要求，制定合理的教学目标

课程标准是国家对基础地理课程的基本规范，体现了国家对不同学段学生在地理知识与技能、过程与方法、情感态度与价值观等方面的基本要求，规定了地理课程的性质、目标、内容框架，并提出了地理教学和评价的建议。它是编写教科书、地理教学及评价、地理考试命题的依据。在制定地理教学目标时，我们要依据课程标准，准确把握其中的各条要求，分析课程标准与教材内容的关系，精确把握教学内容的广度和深度。

（二）理解和掌握课程标准，整合各版本教材

高中地理新课程实行的是"一纲多本"，由人教版、湘教版、中图版、鲁教版四种版本组成，由于对课程标准的理解存在差异、切入的角度各不相同，不同版本的教材各具特色。教师在进行课堂教学设计时，要注重研究不同版本教材中表述相同的内容，同时要将不同版本教材中个性化的内容及相关表述作为取舍教材的重要参考和借鉴，以博取众家之长。

（三）遵循学生认知规律，灵活处理教材

1. 遵循学生认知规律，调整教学顺序

学生的认知过程，是从具体到抽象、从已知到未知、从简单到复杂、由浅入深的过程。高中阶段的自然地理、人文地理和区域地理，都属于高度综合性的知识，它在涉及数学、天文、物理、化学、生物等自然科学知识的同时，也涉及政治、历史、哲学等社会科学知识。综合性和区域性是地理学的两大特征，由于相关学科在知识、技能和方法论等方面开设得相对滞后，所以，在高一就让学生对地理学科产生高难度的体验，可能会使学生对地理学产生畏惧感，也容易让学生对地理学的兴趣泯灭在学科难度的体验中。因此，在教学设计中，可以适当调整教学顺序，把复杂的问题简单化，再把简单的问题串联起来。

2. 联系生活实际，改编教材案例

教材中有的案例可能很经典、很科学，但也有案例离学生生活比较远，教师应善于从身边寻找案例，尽可能设计贴近学生生活的教学情境。教师应对学生已有的知识储备有足够的了解和重视，创设一个来自现实生活的、能让学生体验知识的真实情境，使学生对新知的探

索有充分的空间。这种做法，既贴近了学生的生活，又丰富了学校课程资源。

3. 课堂设计要从学生的发展出发

教师要领会课程改革的思想，要把培养学生的科学思维能力作为地理教学的中心任务。培养学生良好的科学素养、实践能力和创新意识，要从学生的发展出发，改变课堂实施过程中过于强调的接受学习，要倡导学生主动参与、乐于探究、勤于动手、勇于实践，培养学生的问题意识、信息意识、研究意识、合作意识、创新意识等。在教学设计时，要注意把蕴藏在教材中的科学思维活动内化为教师的思维活动。教师要自觉地进行"角色转换"，即用学生的心态和眼光去审视所教的知识，与学生一样成为知识的探索者。教师要想学生之所想、疑学生之所疑、难学生之所难；要把思维降格、后退到学生的思维水平；面对问题，要多从学生的思维角度、习惯和方式去体验。为了培养和发展学生的思维，在教学设计时，教师要设计多种方法使学生的思维得以"诱发暴露"，以此提高思维训练的针对性和有效性。[1]

（四）从教学实际出发，注重学习方法的培养

好的教学设计应该有利于学生地理思维的激活，有利于地理知识的理解与构建。教师应根据不同的教学目标和教学内容，结合学生的认知规律和教学条件，注重学习方法的培养。在教学设计时应努力做到：①学生自己能学会的，相信学生—引导学生学；②新旧知识有直接联系的，迁移类比—诱导学生学；③学生难于理解或不易接受的，探究分析—指导学生学；④学生独立学习困难的，小组合作—互相帮助学。

课堂教学中有许多不确定性和可变性，教师根据教学需要和学生实际，在教学设计时为学生的主动参与留下时间和空间，为教学的动态生成创造条件，以能使师生积极互动，发挥出创造性来。

（五）精心设计教学过程，加强教学过程的反思

教学设计时，教师要依据课程标准对每节课的教学过程进行精心"预设"，但在具体实施过程中常会出现多种结果。一是事先的预设比较顺利地"实现"了；二是由于引导不得法等原因，出现"预设未实现"的尴尬局面；三是虽然教学出现了"意外"，但教师通过巧妙引导，获得了"非预设的生成"。如果教师在课后能对这些结果和过程及时进行记录、整理和分析，反思自己的教学行为，就能对隐藏在教学行为背后的教学理念获得规律性的认识，从而提高教学的自我监控能力。长此以往，教师驾驭课堂的能力会不断提高，后续教学行为会越来越合理，学生的"主动生成"会不断取代"被动接受"，教师的研究意识和研究能力也会不断得到提升。所以，课后要对教学设计实施的过程进行反思，对教学问题的设计是否合理进行反思，对教学过程中师生是否进行充分"沟通"和"合作"进行反思，对学生知识掌握的实际情况进行反思等，以达到和谐高效思维对话的目的。

① 巩天佐. 和谐高效思维对话——新课堂教学的实践探索（高中地理）[M]. 北京：教育科学出版社，2011.

第四章 核心素养导向下的高中地理教学实施

高中地理实证教学实施策略的选择，应当基于实证教学的内容和要求，即主要是为了对高中地理的基本原理、基本规律和基本过程进行教学实证。因此，实证教学实施应当是依据课程标准的，基于现行教材的一种探究递进与国家课程的校本化再开发，着眼于促进学生的学习深化，是沟通书本与社会、理论与实践的重要途径。

第一节 高中地理教学实施策略

一、递进式策略

递进式策略由例证、举证和实证三个环节构成，是一种从理论到实践、由书本学习迈向备考实战的教学策略。

递进式教学策略有两个特点：

一是充分利用现行高中地理教材进行扎实的教学，从例证起步，通过举证进行学习拓展和深化。

通常，教师充分利用现行教材中的经典案例，通过分析、综合学习掌握课程标准所规定的地理原理、地理规律和地理过程，即例证教学；在书本例证教学的基础上，教师再通过课堂联系学生既有的各模块学习进行教学举证拓展，在归纳和演绎中促进学生的学习内化。

二是针对通过例证、举证学习掌握的地理原理、地理规律和地理过程，充分应用客观事实进行教学实证，旨在帮助学生从理论走向实践、从课堂走向社会、从书本学习备考走向地理高考实战。循循善诱，层层引导，步步递进，实现高中地理教学量的充实与质的突破。

高中地理递进式的实证教学策略，可以分作三个学习阶段。

（一）例证

例证法既是一种思维方式，也是一种表达形式。前者常见于逻辑推理中，即常常所说的事实胜于雄辩，用确凿和典型的事例证实一种观点、理论。后者可见于文章写作中采用典型事例来强调观点的正确性，增强文章的说服力。

高中地理是一门实用性很强的学科，与改革开放中我国的经济、社会、文化、政治、环境等重大问题密切相关。新课程实施以来积极倡导案例教学，例证法备受重视，无论是在教材编写还是课堂教学中都被广泛运用。

例证教学有效性的关键，是正确地运用分析与综合、抽象与概括的方法。教材案例的典型性，对建构形成课程标准规定的学习目标十分重要。例如，在学习"季风水田农业"地域类型时，高中地理老师会利用亚洲季风水田农业地域案例，通过分析综合在一定的地域、一定的历史发展阶段，亚洲特别是我们所处的东亚地形、气候条件下，与社会、人口、经济、科技条件相适应的农业区位选择所形成的农业地域——季风水田农业，以及与形成条件相联系的农业地域特点，再通过抽象与概括帮助学生总结得到季风水田农业地域形成区位的一般规律和基本特征。在这个过程中，例证教学会使得有关季风水田农业地域类型的释义、解疑、说理得以具体和鲜活，引用有关案例进行分析、论证，有利于实现农业地域类型一类晦涩、繁杂的地理过程简单化，枯燥的地理规律趣味化，抽象的地理原理具体化。

（二）举证

在新课程实施中，仅靠有限的例证还不足以完成教学任务，学生还需要有更多的事实材料支持学习理解。高中地理教师要在课堂的分析与综合、抽象与概括的教学基础上，进一步通过系列化的举证进行归纳与演绎、分类与比较，将教学引向深入。因此，例证教学之后要一鼓作气，向举证教学递进，让学生"举一反三""触类旁通"。

（三）实证

无论是例证还是举证，学生的地理学习还处在书本和课堂的范畴。或者说，地理学习还只是围绕基本原理、基本规律和基本过程进行充实和夯实。这些学习和认识，是否"放之四海而皆准"需要面对实际的检验。更进一步说，对于高中地理教学备考而言，学生通过例证、举证获得的训练是否"放之题海而皆灵"，还要接受高考实战的考验。高中地理备考的经验告诉我们，即便是学生对书本的内容熟知有加，但新课标地理高考适应一标多本的高考公平要求，"学在书内，考在书外"，也需要高中地理教学适时地从例证、举证推进到实证。

二、校本式策略

实证教学的校本式策略，就是在新课改的背景下适应新课程实施需要，利用转换、变换和替换的做法，针对现行高中地理教科书中"读图与思考""活动""问题研究"环节进行再开发，增强教材内容的时代性、思维性，提升学习内容的直观性和生活化，活化学生的高中地理学习探究，使之更加接近学校所处的自然、社会环境，更加紧密联系学生周围的生产、生活经验，进行形式多样、生动活泼的高中地理学习，创造性地完成高中地理课程标准所规定的学习任务。

高中地理校本式的实证教学策略，可以分作实证教学替换、实证教学变换和实证教学转换三种。

（一）替换

高中地理的实证性教学替换，主要是一种完善和改进新课程教科书中的"活动"环节的教学策略。

新课程为落实全面推进素质教育的需要，更加关注学生的学习过程，倡导学生参与合作，成倍地增加了"活动"环节的教学内容。以人教版高中地理必修教材为例，穿插在教科书中的地理"活动"达95个。这些形式多样的地理"活动"，设计了众多引导学生动手、动口、动脑的内容，本意上是要通过创设和提供给学生的实践环节，实现对地理原理、地理规律和地理过程学习成果的巩固和迁移，培养学生学会交流分享，增强兴趣。

但在实际的教学中，现行教材的地理"活动"存在两方面的不足：

（1）新教材以案例的形式安排的地理"活动"，部分案例时空距离学生太远，需要从时代性和本土化方面进行实证替换。

（2）现行高中地理教科书中有一部分以实体、实地地理观察、调查形式安排的地理"活动"，只有大体要求，缺乏具体内容，需要地理科任教师进行本土化的实证替换。

（二）变换

高中地理的实证性教学变换，是一种完善和改进新课程教科书中的"问题研究"环节的教学策略。

"问题研究"是现行人教版高中地理教材重要的教学栏目，在每一章的最后安排，共有16个研究课题。这些"问题研究"大多选择了一些时代鲜明、富有现实意义、学生感兴趣的话题进行设计，作为本章学习过程的延伸，对培养学生学习兴趣、开展课题研究、培养实践能力、鼓励学生参与社会发展、增强公民意识、体验学习价值具有独特的作用。

"问题研究"体现研究性学习的基本思想，侧重以本土的自然、社会和生活中的实际地理问题为研究对象，研究的过程或结果开放，具有很强的探究性和实践性。我们应当创造条件，鼓励学生自主探究或合作探究，倡导学生创造性地解决问题等，校本化变换就是我们提高"问题研究"有效性的重要策略。我们要精心寻求、选择学生容易接触和感受的切入点，设计出实证性的"问题研究"，不断提升高中地理新课程的实施水平。[①]

（三）转换

高中地理实证教学转换，是一种完善和改进新课程教科书中的"读图思考"环节的教学策略。

现行人教版高中地理必修教科书"读图思考"有55项，数量虽次于"活动"栏目，但这是最具地理学科特色的学习安排。搞好新课程高中地理"读图思考"教学，可以强化学生对本章地理基本原理、基本规律和基本过程的学习、理解和掌握，训练学生的图表技能。最重要的是，高中地理"读图思考"教学还能以地理图表创设问题情境，有效地落实"过程与

① 李依铭.普通高中地理实证教学研究 [M].厦门:厦门大学出版社,2013.

方法"，即高中地理课程标准规定的"学会通过多种途径、运用多种手段搜集地理信息，尝试运用所学的地理知识和技能对地理信息进行整理、分析，并把地理信息运用于地理学习过程"。

目前，高中地理"读图思考"设计存在一些不足之处，主要表现在为了降低"读图思考"的难度，个别地方出现"读图"与"思考"不同步、"读图"难以"思考"的现象，"读图思考"学习活动的完整性较差。

针对这些不足之处，我们可以采用实证教学转换，整合"读图思考"。这种整合式的实证教学转换，有利于学生针对地理问题直接读图对比，更容易进行分析综合。

三、嵌入式策略

严格地讲，嵌入式策略不是一种教学策略，主要是适应高中地理实证教学实施的教学管理策略。即将系统的高中地理实证教学以学校课程的形式，与国家、地方课程并行镶嵌，纳入统一的课时计划和高中阶段修习学分管理。

随着新课程理念逐步为广大教师所接受，教师的专业化发展水平不断提升，高中地理实证教学逐渐被更多的教师所认识，愈来愈多的高中地理教师接受和实施实证教学，特别是开始出现像厦门这样有组织的教学实验，高中地理实证教学的课程设置和管理问题被提上议程。

通过新课程教学实验，我们认为在高中地理实证教学中采用校本课程与国家课程的嵌入式策略，既是可能的，也是可行的。

第二节　高中地理教学的课堂组织模式

课堂教学没有固定的模式，但又需要一定的模式，这正如"教无定法，教学有法"。为了真正使课堂教学目标、课堂教学设计、课堂教学语言、课堂教学管理、课堂教学过程和课堂教学评价达到最大限度的优化，提高地理课堂教学效果，研究探索、归纳总结出符合师生实际的课堂教学模式是十分必要的。

一、"学案导学，先学后教"模式

（一）发放学案，学生自学

课堂上，教师首先发放预先编印的学案，组织学生自学。学生根据学案中设计的预习思考题，结合教材进行自学。在自学的过程中，学生对所学知识能自己解决的就自己解决，有疑问的地方做好标记。同时，教师要进行巡回指导，及时发现学生中存在的普遍性问题，大体做到心中有数。

（二）小组讨论，提出问题

在自学过程中，有些问题学生已经自行解决，不能解决的在学习小组内讨论解决。教师将全班学生搭配分成若干个固定的学习小组，小组内部经过互相交流和研讨，共同解决学生个人不能解决的一部分问题。小组内解决不了的问题，由小组成员推选一名学生担任小组发言人，将问题提交到全班解决。

（三）班内交流，确定重点

在教师主导下，各小组推出的发言人在班内进行交流发言，由全班同学共同努力，解决其中的大部分问题。最后不能解决的疑难问题就是本节课教师教学的重点。

（四）针对重点，教师"精讲"

针对学生最后解决不了的问题，教师结合学案进行有针对性的讲解。讲授内容要突出重点、难点，讲解问题透彻到位，始终注意把训练学生的思维能力，以及培养学生独立解决问题的能力、主动学习的品质和创新意识放在首要位置，切实做到"三讲三不讲"（三讲：讲重点、讲难点、讲易错易混知识点；三不讲：学生已经会了的不讲，学生自己能学会的不讲，教师讲了学生也学不会的不讲）。

（五）随堂检测，练习巩固

"精讲"之后，跟上"精练"。在教师对重点问题讲解后，接着利用学案对当堂所学内容进行检测。检测之后，学生交换，互批互改，个别问题教师强调。在这个教学环节上，我们的硬性要求是随堂检测必须由学生独立完成，教师监督。检测过程中，学生不准看课本和笔记，不准相互讨论，以确保检测的真实、有效。

（六）课堂小结，完善提高

在一节课结束之前，适当布置一定数量的课后练习题，让学生在自习课上对当天所学知识进行复习巩固、知识迁移、总结提高。

二、"案例教学"模式

（一）地理案例的选择

选择案例的要求首先是地理案例的针对性。案例是根据教学目标、教学内容选定的，能反映地理事项的典型特征和一般规律。其次是地理案例的真实性、客观性。案例必须来自地理事实，符合客观实际。再次是地理案例的适时性。案例能适应时代的发展趋势，符合当代中学生的实际情况。最后是地理案例的实用性。案例须与现实生活紧密相关，特别是从身边地理事物中选取的案例最受学生欢迎。总之，选择地理案例时，既要考虑案例的质量，又要兼顾学生的自身素质，更要切合教学内容和学生实际。依据地理案例用法的不同，可以将案例划分为讲解式案例和讨论式案例。讲解式案例以讲述与解释的方式呈现案例，用于说明和论证地理原理与规律。讨论式案例则是由教师提供案例，引导学生参与讨论、各抒己见，从而拟订出解决问题的方案。

（二）地理案例教学的实施步骤

（1）提出地理案例，创设问题情境，确定研究主题，引导学生探究。地理案例的提出方式多种多样，有印发地理文案材料、景观图片材料，教师学生描述，多媒体展现，模拟实际情境，等等。

（2）综合运用地理知识及经验剖析案例。剖析案例的关键是将案例的内容与相关地理知识、地理原理联系起来，研究讨论其发展变化规律。教师的职责是启发引导、组织调控，创造一个"整体参与、充分民主、鼓励竞争"的开放式课堂，使学生在课堂上能彻底获得"自由"，充分发挥主体作用，使各种能力得到充分发展。具体操作方式可以灵活多样，包括讲解分析、学生个人自主学习、小组讨论、集体辩论、角色扮演等。

（3）对地理案例剖析做出评价，并举一反三进行知识的迁移应用或解决类似的问题。通过案例学习，新旧知识产生碰撞，体验探究的喜悦和获得知识的快乐，使学生产生利用已有知识解决新的实际问题的欲望。从学生的这种心理出发，教师创设新情境，提出新问题，让学生运用获得的知识和能力解决问题。

"案例教学"模式应用的关键在于案例设计。案例必须是开放的，是学生所熟悉的具体事物，案例问题必须是学生经过思考、讨论、研究后能够解决的，而且具有一定的梯度和实效性。背景问题的呈现可以采用多种方式，比如运用现代多媒体技术。在整个操作过程中要注意教师与学生的地位与角色，教师答案的呈现要迟于学生的探究结论，答案要具有创造性和启发性。问题解决要利于培养学生的能力，以及有利于情感、态度与价值观的实现。

三、"多元互动"探究式地理课堂教学模式

"多元互动"探究式地理课堂教学模式是以学生学习为主体，实现课程、教材、教法的一体化的设计，其主要教学程序为"呈现展示—引入角色—探究活动—角色置换—评价归纳"五大环节。各环节中渗透着"学"和"教"的统一、学生"活动"与教师"引导"的统一，以形式多样的、学生和教师"多元互动"为特色。

（一）呈现展示环节

即每节课前轮流请一个学生在讲台前展示才华。该环节是从教学整体出发，有目的、有计划地对学生个体进行培养，使每个学生都有机会表现自己、展示自己，从而激励学生主动地、自觉地学习。教师通常在开学初始的绪论课上做总体部署，其呈现的内容一般是学生自

已根据个人爱好和兴趣，以科学探究的形式去收集、整理地理资料，以灵活多样的方式在全班展示。

（二）引入角色环节

这是体现教师主导作用的环节。在这一环节中，教师在分析教材、理解课程标准、了解学生知识水平的基础上，要根据教学目标提出问题，使学生明确将要"学什么"，并向学生提供有关的资料、教学媒体等，尽可能为学生创设身临其境的氛围和情境。通过教师的引导，使学生很快进入学习主体的角色，并向学习的主角发展。

（三）探究活动环节

这是体现学生主体地位、进行自主探究活动的环节，也是学生与学生之间、学生与教师之间信息交流的过程。在这一环节中，教师要根据每一节课的具体教学内容或教材小栏目中的活动内容，采用灵活多变的形式，或直接提出问题，或利用地图、表格、相关资料等，让学生去探究、去讨论，使学生充分活动起来，使每个学生都有表现的机会，让他们在讨论、争论、交流中提高，在互学中得到发展。教师要走下讲台参与到学生的探究活动中，与学生一起讨论，及时发现问题，有针对性地对学生学习探究的过程和方法进行指导，帮助学生掌握学习方法，学会"如何学习"。尤其是对于难度较大的理性知识，教师必须随时加以点拨。

（四）角色置换环节

这是继探究活动环节之后，教师走下讲台，而学生选出代表走上讲台，以"小教师"的身份再现探究和讨论结果、实现角色互换的环节。这样可以使学生增强自信心，提高表达和组织能力，并通过"讲课"加深理解、记忆、强化所学知识。其形式可以是自问自答，或是提出问题，请下面的学生回答。如果下面学生回答得不完整准确，这个学生可以再推荐其他学生补充回答，相互配合，形成多点交互，直到"小教师"满意、大多数学生认可为止。同时，遇到疑难问题，"小教师"或其他学生可随时向教师提问，教师以"学生"的身份"回答"问题，使教师的主导作用也得以巧妙地发挥。

（五）评价归纳环节

这是以多种方式对学生所学的新知识进行检验、强化、评价和归纳的环节。首先，可以采取小组竞赛的形式。评价一般采取师生共同参与的形式。"小教师"完成了"角色置换"的任务以后，将讨论中的问题有选择性地重新展示出来，各个自然组分别抢答。经过师生共同评议，评出这节课的优胜组。对表现突出的学生可将其得分记入成绩簿中，以示鼓励。而对于回答不够完整的学生，可进行"补救"。其次，也可以结合具体的教学内容采用抢答、对话、实践活动等形式，达到巩固强化的目的。最后，可以由"小教师"展示和解释地理教师事先准备好的该课知识结构图，完成本节课的总结，或由地理教师根据发现的问题有针对性地总结归纳，使学生对所学知识有一个完整的、准确的认识，明确知识之间的联系。[①]

四、教师指导下的自学课模式

人文地理等内容，许多知识学生通过自学的方式就能掌握。这时可以采用教师指导下的自学课模式。主要步骤如下：

（1）阅读教材。

（2）学生运用地理学基本思维方法分析教材，独立整理笔记。

（3）教师检查，针对普遍存在的问题进行提示指导。

（4）请几个学生把自己的笔记写在黑板上，大家修改。

（5）学生进一步阅读教材、修改笔记。

上述的步骤（3）和（5），可以根据不同学生的实际情况重复进行，最后全体学生整理出内容全面、简练、条理性强的笔记。这样做不仅可以避免平铺直叙的枯燥乏味，更为重要的是可以真正教会学生"读书"，即使他们将来离开学校、离开教师，仍可以依靠课堂上学到的方法学到所需要的地理知识，有利于学生自学能力的培养和提高。

五、问题引领教学模式

问题引领教学模式，一般来说，有三种基本形式。一是教师通过教学设计，直接提出问题，让学生带着问题自学、思考、感悟、讨论，然后教师进行指导和释疑。二是教师设计并创设问题情境，启发学生发现并生成疑惑，运用知识解决问题。三是教师或学生提出带有学习价值的、可研究的问题，教师引导学生提出解决问题的假设，同时向学生提供参考书目或网址，学生收集、整理有关资料；学生运用相关资料和理论对提出的问题进行论证说明；师生讨论、总结论证过程中的经验和教训。主要步骤如下：

（一）课前指导预习

指导学生做好预习。这是实施问题引领教学法的基础和前提。教师指导学生掌握预习的方法和要求，如通读即将学习的课文内容，读通内容阐述的思路和方法，明白其表达的意思和知识要点，并联系课后的练习要求，自觉尝试运用课文内容的相关知识、方法去应用实践，解决有关练习的问题。要动脑动笔，记录下来，以便在课堂教学时提出来进行交流、讨论、探究。教师可以根据课程标准，结合课文具体内容，精要地设计两三道预习题，引导学生通过预习，围绕这些问题去进行思考和学习，更好地达到课程的要求。

指导学生做好预习，必须注重抓好以下三个要点：①创设适当情境，激发学生对学习内容的兴趣；②指导学生在预习中懂得运用多种方法，引导学生自觉学习，逐步达到课程标准的要求；③引导学生主动发现、获取新知识，明确所碰到的困难和问题，做好提出问题、讨论探究的有关准备。

[①] 巩天佐. 和谐高效思维对话——新课堂教学的实践探索（高中地理）[M]. 北京：教育科学出版社，2011.

（二）问题引领教学过程

教师在课堂教学中，要通过问题引领教学的方式组织教学，引导学生在学习中发现并获取新知识，勇于提出学习中出现的问题，合作交流，讨论探究，落实课程标准，师生互动，共同完成学习任务。

1. 交流学习

提问几个学生，让他们主动讲述自己预习的情况，包括预习的做法、过程，着重讲述通过预习自学，自己所获得的学习收获，如学到了哪些新的知识，怎样运用知识进行练习和实践，学习中有什么新的发现、新的认识、新的感受、新的乐趣等。可以让两三个学生讲述后，其他学生提出新的补充。这样，一方面，可以通过学生的讲述了解学生在预习中学习的情况，尤其要注重了解学生对课程标准相关要求的掌握程度，了解学生自觉掌握基础知识和基本技能的情况，特别要关注平时学习困难比较大的学生的学习情况；另一方面，让学生在交流中互相分享学习中新的发现、新的收获，取长补短，互相启发，互相激励。由此，学习由自学进入共学，师生共同分享新的收获和学习的乐趣。这个过程是教学的重点过程，教师务必花大力气，抓好这个教学过程。在时间安排上，这个教学过程宜占课堂教学时间的一半左右。

2. 提问讨论

在了解学生的学习收获之后，教师要引导学生提出在学习中所出现的疑问和困难。提出问题的方式可以多种多样，可以教师问、学生答，也可以学生问、教师答，但最主要的方式，应该是学生问、学生答。要引导学生主动地把学习中碰到的疑难问题提出来，先在小组内讨论，引导其他同学一起来思考，共同探寻解决疑难的途径和方法。有一些问题，互相启发一下就可以解决了。对组内解决不了的问题，可以在班里提出来，请别组的同学一起来研讨、解决。暂时解决不了的疑难问题，可以记录下来，让一些学生主动承领，以作为课后研究性学习的课题内容，组织探究学习，合力攻关，破解疑难。

（三）设问练习

提问讨论之后，教师可以安排一小段时间，指导学生应用所学到的知识，自设一些问题，进行即时练习，培养学生运用所学知识解决问题的能力。形式可以多样，关键是要人人动脑动手，培养动手能力、书写能力、命题能力、解题能力。

（四）简结转新

每节课下课之前，或某一个教学内容完成之前，教师都要用几分钟时间指导学生对本节课或本教学内容进行概括性的简要总结，落实课程标准要求，归结主要的知识和能力要求，达到学有所得。同时，让学生学会及时回顾、反思和总结，接着，由本节内容延伸、承转到新的问题，引导学生在课后自觉进行新内容的预习。

问题教学法的课堂教学过程大致如此。可以看到，如此的教学教程，就是师生交往、积极互动、共同发展的过程。教师的角色由以往单纯的施教者转变为教学活动的组织者、指导者、参与者，其发挥的主要作用就是创设情境，激发兴趣，指导、引导学生自主学习、学会学习，以实现全面发展。学生由被动听讲、被动接受的被动学习状态转变为主动参与、自主学习、合作交流、提问质疑、讨论探究、应用实践。随着问题教学的实施，学生在教师的指导下积极主动地、富有个性地自主、合作、探究学习，他们的各方面知识、能力和整体素质一定可以更好地得到培养、发展和提高。这正是新课程改革的目标所要求的。

以上谈到的问题教学法的四个步骤，是一个完整的课堂教学过程所不可或缺的。但在具体教学中，可以根据不同的教学内容要求和教学情况，灵活组织安排，每节课都应是灵活的、变化的、新颖的，要让学生看到"尽管每天太阳依旧，但每天的太阳都是新的"。这样，学生学习得必然会更加兴趣盎然、积极专注，学习效果就会更好。

第三节　高中地理的有效理论与实施

一、科学探索与课堂探究

探究学习是指学生通过阅读、观察、实验、思考、讨论、听讲等途径进行探究，发现并掌握相应的原理和结论的一种方法。

探究是科学研究中常用的方法，之所以在课堂教学中倡导探究，其目的主要是为了培养创新型人才。当今社会，知识的更新日新月异，知识已由传统的书本储存转变为基于信息技术的电子储存，这种存储方式极易为人类检索和调运，从而也把人类从烦琐的记忆中解放出来，学习也变成了不再以记忆为主要方式的一个过程。人类社会的发展为学习提供了很多新的方式，极大地冲击着传统的教育教学模式，新课程改革倡导自主、合作、探究学习，正是顺应了社会的这种发展潮流。

课堂探究源于科学探索，但课堂探究与科学探索却有着本质的区别。课堂探究不可能也无法让学生重复科学探索的过程。

地理环境包括自然环境和人文环境，而构成地理环境的要素主要是大量的地理事实和地理现象，这些地理事实和地理现象经过科学探索，形成了地理学科的知识系统，构成这个知识系统的又主要是图像系统、文字系统和数据系统。课堂探究的过程一方面是通过学习建构知识系统，另一方面则是运用知识重新诠释地理事实和地理现象。

科学探索面对的是未知领域。科学探索是存在于科学研究过程中的一个常态性行为。科学探索具有时间漫长、过程反复的特点。一个正确理论能够被大家最终接受，都经过了不断假设、验证、矫正的过程。地球知识的科学探索过程，大致经过了观察地理现象（直接观察、间接观察）、形成地理经验、解释地理事实（文字描述、图像描述、数据描述）、提出地理假设、构建地理理论、验证和矫正地理理论等阶段。学生目前学习的地理知识就是经过科学探索后，形成的理论系统的一部分，这个理论体系是由大量的符号系统组成的，包括图像符号系统、文字符号系统、数据符号系统，这些符号系统又表现为地理概念、地理规律、地理原理等地理知识。

课堂探究面对的是已知领域。因为这些已知领域对学习者来说还是未知的，所以还具有课堂探究的价值。课堂探究的目的是更好地掌握知识，同时形成能力、掌握方法、培养情感态度价值观。不同国家、不同教育体制、不同教育方式的受教育者在面临这些既有知识的时候，任务基本上是相同的，那就是把这些知识从客观存在变成主观存在。不同的是在这一转化过程中，采取的方式不同，有些是死记硬背，有些是理解记忆，有些是在"用中学"和"做中学"。不同的方式培养出了不同的学生，有些只是知识的储存器，有些是创新性人才。创新性人才主要的优势在于他们在学习知识的过程中同时掌握了方法、技能。课堂探究是在近似于探究的情境中，理解记忆知识、掌握方法、训练技能、提高能力、培养学生的创新意识和创新能力。

课堂探究的起点是地理事实和地理现象，课堂讲授的起点是知识系统。课堂探究的过程是对科学探索过程的部分模仿，课堂探究的结果主要是用于迁移和应用。课堂探究在时间、过程、方法等方面都无法与科学探索相提并论。任何拔高课堂探究功能的提法，都是对课堂探究活动认识不清的表现，也无疑提高了课堂探究的门槛，造成广大教师的畏难情绪。课堂探究仅仅是学生对人类已有知识的再认识，属于学生学习的一种方式。课堂探究以科学探索为背景，但课堂探究又不可能对科学探索过程进行简单的复制。了解科学探索过程，有助于对课堂探究进行把握和理解。

二、自然地理的科学探索

自然地理要素之间存在着紧密的联系，这构成了自然地理探究教学的基础。首先，自然地理环境主要由地形、气候、水文、植被和土壤五大要素组成，这五大要素相互联系、相互影响，构成自然地理环境的整体；其次，每个要素又有不同的类型、要素和特征，使得整个自然地理环境变得纷繁复杂。例如，地形可以分为山地、高原、盆地、丘陵和平原五种基本地形，这五种基本地形在区域的组合就构成了区域的地形特征；气候由光、热、水、气压和风五大要素构成，它们各自又有不同的影响因素和特征；河流的特征包括水文特征（含沙量、流量、流速、结冰期、汛期）和水系特征，分别对应着不同的影响因素等。

构成自然地理的地形、气候、水文、植被、土壤等要素理论知识的获得，经历了漫长的科学探究过程，是人类对地球认识过程的智慧的结晶。我们可以透过自然地理的科学探究过程，来找到一些对课堂探究教学有用的启示。[①]

三、课堂探究的实施

新课程背景下的高中地理课堂教学，不管从理念上，还是从实践上，其变化均是明显

① 李家清．原理·方法与案例：高中地理有效教学 [M]．北京：科学出版社,2015.

的。要想尽快实现教学设计在理念和实践方面的转变，不妨从以下几方面入手：

（一）变"结论"为"过程"

地理知识的形成过程本身就是一个归纳总结的过程，这就要求学生的学习过程应该与地理学科知识的形成过程相符。

在高中地理教材中，地理知识大多以结论性的知识呈现。随着新课改的开展，这种结论性的教材编写方式有所改观，如案例教学的应用等，但是作为教材，也不可能走得太远。在具体教学中，如果就结论教结论，那只能导致灌输式教学的产生。如何把教材中的地理概念、原理、规律等地理主干知识设计成一些符合学生认知规律、认知特点的学习过程，让学生从过程中自主得出结论，是教师在教学设计中应该考虑的主要问题。在"自主、合作、探究"的新课程课堂教学理念下，学生的学习过程可以是一个体验的过程、探究的过程、研究的过程、操作的过程，由此衍生出地理课堂教学中学案导学策略、问题解决策略、课题研究策略、实践体验策略等教学策略。

变"结论"为"过程"的课堂教学设计策略，核心是课堂活动的设计。新课程改革中各版本教材也充分地体现了这一教学要求，如人教版的"读图思考""活动""问题研究"等栏目；中图版的"课题""探索""案例研究"等栏目；鲁教版中的"问题""活动""单元活动"等栏目；湘教版中的"思考活动""探究活动""实践活动"等栏目。这些名目繁多的活动栏目，大多属于问题解决策略的范畴。人教版的"问题研究"、中图版的"案例研究"属于课题研究策略，中图版的"课题"则具有实践体验策略的味道。不同的教学策略对学生活动的设计是不同的。

1. 创设情境

创设灵活化的、具有一定复杂性的问题情境，引发学生思考，进入活动状态。所谓"灵活化"就是问题富有开放性，可以引发学生多方面的思考，可以得出多种答案；所谓"复杂性"就是学生依靠某种单方面知识或单方面技能，无法获得圆满解决的问题。

2. 提出问题

提出问题的过程就是进行问题定向的过程，问题可以是教师提前预设，也可以是学生在课堂学习中生成的。

3. 解决问题

该环节是问题解决教学策略中活动的核心。学生根据提出的问题、任务，结合学习材料，进行自主、合作探究，最终解决问题。

4. 讨论交流

学生在自主探究的基础上，展示问题的答案或任务达成状况；教师对学生的学习结果进行评价，对疑难问题进行引导，帮助学生解决疑难问题。

5. 归纳总结

每一个活动结束后，教师要引导学生得出相应的地理知识、规律、原理，掌握相应的地理技能；不同的活动结束后，教师要引导学生进行知识体系、能力体系的建构，最终完成教学目标。

6. 练习反馈

这是问题解决策略的最后一个环节。练习的设计应紧扣教学内容和能力培养目标及学生的认知水平。

（二）变"知识"为"问题"

认知心理学将知识分为两大类，即陈述性知识和程序性知识。陈述性知识是描述性的，如"气压带、风带的分布和移动规律"。程序性知识也称实践性知识，主要是说明性的，如"分析某地区的气候类型及其特点"。程序性知识又可分为智慧技能和认知策略两大类。智慧技能是用于处理外部事物的程序性知识，如时区计算或绘制地理图表；认知策略是调控自身认知过程的，如工业区位的选择。

教材中的知识大多属于陈述性知识，这种知识的呈现特点使得课堂中学生的认知过程很容易变成知识的接受过程，这也是传统讲授式教学有顽强生命力的原因。认知理论告诉我们，当学生面对问题的时候，学习的兴趣才有可能被调动起来，才有可能具有较强的学习动机。"知识"是静态的，"问题"是动态的，只有通过各种问题才能把学生置于学习的主体地位。如何把教材中陈述性的知识转化为具体的问题，这又是教师在进行教学设计时所必须思考的主要问题。例如，"影响气候的因素"的教学，传统的讲授法一般会按照教材中纬度位置、大气环流、下垫面（地形、洋流、海陆等）、人类活动等逐一讲解，同时顶多通过举例对各影响因素加以说明。这种由"结论"到"例证"的过程实际上就是思维活动中"演绎思维"的具体应用，虽然也能说明问题，但是由于学生的参与度不够，很难调动学生学习的热情。如果用"归纳思维"进行教学，让学生自己去寻找答案，教学结果可能会有所不同。例如，可以用刚果盆地与撒哈拉沙漠的气候资料做比较，通过二者在气温、降水上的区别，总结气候的影响因素。

变"知识"为"问题"的课堂教学设计策略，核心是问题的设置。在地理课堂教学模式的历史演进中，从讲授式到启发式，再到探究式和发现式教学，问题的数量、问题产生的方式都在发生变革。问题解决教学并不是"满堂问"，要注意问题的梯度、效度。在学案导学策略、问题解决策略、课题研究策略、实践体验策略等教学策略中，问题的产生、问题的设置各有特色。

（三）变"教案"为"学案"

教案是教师对课堂教学中教学目的的确定、教学重点和教学难点的分析、教学用具的选择、教学过程的预设方案。教案主要是为教师的"教"服务的，上课时教师的角色更像"导演"，在教师的主导下，作为"演员"的学生发挥的好坏，就看"导演"的水平了。

学案的应用可以说是课堂教学的一大进步。与教案相比，学案具以下优点：首先，学案改变了课堂教学中信息的传递方式，由单一的"教师到学生"转变为"材料到学生"，其中材料既可以是教材，又可以是教师补充的教学材料。其次，学案改变了课堂教学中学生的学习方式，既可以是自学式的自主学习，又可以是讨论式的合作学习。再次，学案有利于调动每一个学生学习的积极性，让每一位同学都完全参与学习过程，避免了课堂教学中只存在于老师和个别学生之间的对话和交流。第四，学案是让学生"动"起来的法宝。学案强调通过学生的读、写、画、说、练来完成对学习内容的处理，强调学生动手、动脑，充分地调动了学生的主观能动性。第五，学案能够完成课堂教学由教学过程向学习过程的转变，既能达到对学生能力培养的目的，又不至于因为培养能力而造成系统知识学习的疏漏。学案的这些优点与新课程改革的理念不谋而合，或者说正是由于新课程改革，才催生了学案这个新生事物。短短几年间，学案似乎已经达到了普及的程度。

变"教案"为"学案"的课堂教学设计策略，核心是学案的编写。学案的编写要坚持自主性原则、探究性原则，从学生的最近发展区出发，从学生的认知特点和认知规律出发，从学生的生活经验出发，把教育学、心理学和学科知识进行完美结合，才能编写出适合新课改要求的好的学案。另外，学案的编写是一个庞大的工程，应该充分发挥集体智慧、各有分工。

"学习过程"是新授课学案中的核心部分，相当于新授课教案中的"教学过程"。如果说教学过程的编写像"写剧本"，那么学习过程的编写更像是"编游戏"，让学生在一次次的"过关"中得到知识、提升能力、形成观念。学习过程的编写应该渗透学法指导，体现知识结构化、结构问题化、问题层次化的编写策略。

（四）变"输入"为"输出"

传统课堂教学对于学生学习效果的检测相对滞后，一般是在教完一个单元之后进行形成性测验，这种时候，对于学生在学习中出现的问题，也只能采取补救式矫正，往往费时费力。如果学生在学习中确实在某一个环节出现了问题，而又不被及时发现和矫正，那么按照"最近发展区"理论，这些出问题的环节往往可能导致学生相当长时间的学习都出现被动的局面，甚至于彻底被落在了整体教学进度的后面，出现厌学、弃学等现象，这种时候就是补救式矫正也解决不了任何问题。出现这种局面的根本原因是学生在讲授型的课堂学习中，表现自己思维过程的机会太少了。

变"输入"为"输出"的课堂教学设计策略，核心是学生能力的培养。这与传统课堂关注"教师"是同样的道理。学案导学策略、问题解决策略、课题研究策略、实践体验策略等教学策略中，学生的"输出"方式也不尽相同，对学生的要求也各异。例如，学案导学策略中，在各层次问题的学习中，分别对学生提出了相应的要求。

第一层次问题：自主学习能力的培养。要求学生自主阅读教材，科学准确地完成概念等地理知识的学习，能够通过举例、阐述、模拟等方式对概念进行解释，在此基础上准确记忆概念名词。

第二层次问题：合作学习能力的培养。要求学生积极、主动地参与小组讨论，并能代表小组进行课堂展示，或能在别人展示过程中仔细聆听，或能在别人展示结束后提出质疑、进行评价。

第三层次问题：拓展迁移能力的培养。能够将所学知识进行迁移应用，或能够在不断的应用中，对所学知识进行补充、提升、归纳、总结。

第四层次问题：概括总结能力的培养。

另外，学生通过研究性学习获得的研究成果，以及针对某种主题而设计的辩论会，也可以看作是让学生"输出"的主要形式。

（五）变"封闭"为"开放"

现代社会是一个信息开放的社会，教师和教材不再是信息的唯一来源，教师会的学生不见得不会，学生知道的教师也未必知道。在这种社会大背景下构筑的地理课堂，就要求教师必须具有开放的心态，同时也要认识到信息源、话语权、交流方式和交流主题的开放性。

变"封闭"为"开放"的课堂教学设计策略，核心是教师素质的提高。学案导学策略主要体现为自主式、合作式学习方式的开放；问题解决策略主要体现为材料、影像等课堂教学、学习情境的开放；课题研究策略主要体现为内容的开放；实践体验策略主要体现为学习时间、空间上的开放。所有这些开放的学习，并不是否定教师的主导作用，相反，都需要教师精心设计，而不是放任自流，才能使学习达到有效乃至高效。

表面上，新课程改革把学生放在了一个神圣不可侵犯的位置，但教师的重要性并没有像某些老师担心的那样降低，反而得到了加强。"生进师退"的原则意味着"生不进师则不能退"，硬性地改革只能导致失败。怎样才能达到"生进"的目的呢？在目前新课程改革如火如荼的大趋势下，作为一线的地理教师，应该用教育学、心理学的最新成果努力武装自己，努力钻研地理学科新知识，找到学科知识与教育改革潮流的契合点，转变教学观念，转变教学方式，才能培养出掌握牢固的地理知识、高超的地理技能和完善的地理素养的人才。

第四节　高中地理教学与现代教育技术

一、多媒体教室

（一）多媒体教室的系统结构

多媒体教室，一般是指配备了计算机多媒体设备的教室。按照配备时间的先后顺序，可以有两种情形：一种是在普通教室的基础上，增加多媒体设备；另一种是在教室设计之初，就考虑支持多媒体计算机，这种多媒体教室的设备型号、大小以及位置摆放都进行过合理的统筹安排，便于使用。

多媒体教室配备的设备主要有多媒体计算机、投影机、幕布、扩音机、影音播放设备等。在实际的多媒体教室设计中，增减设备都是正常的。因此，除了标准多媒体教室之外，还存在多种其他类型的多媒体教室。[①]

1. 中央控制系统

中央控制系统是一个集成系统，它将多媒体教室所有设备的使用集成到一个控制界面上。例如，投影机的开关，银幕的升降，灯光的控制，影碟机、录音机、录音卡座、视频展示台的控制等。现阶段中央控制系统管理下的多媒体教室设备大都采用"一键开 / 关"机，方便操作。

2. 多媒体计算机

计算机是多媒体教室的核心设备，在系统中既是教学用的媒体，又是网络连接的设备，还是中央控制系统的操作平台，由于其多数时间处于多任务工作状态，因此尽量选配运行速度快、内存大，配有声卡、网卡、光驱，工作稳定的多媒体计算机。

3. 视频展示台

视频展示台又称实物展示台，是一种新型的视觉媒体设备。视频展示台的基本工作流程是：利用一个摄像头将展示台上的景物转换成视频信号，再通过电视机或投影机播放，基本工作原理和摄像机相同，是一种图像信息采集设备。但利用视频展示台不仅可以将文字、图片、实物等转换成视频信号，而且可以将透明投影胶片、幻灯片，甚至活动的图像转换成视频信号。

---

① 庄天宝，王德伟 . 现代教育技术与高中地理教学 [M]. 北京：高等教育出版社，2012.

（二）多媒体教室的教学功能

多媒体教室一般情况下具备如下教学功能：

（1）连接校园网和 Internet，能够方便地使用网络资源，实现网络联机教学。

（2）连接闭路电视系统，充分发挥电视媒体在教学中的作用。

（3）演示各类多媒体教学课件，开展计算机辅助教学。

（4）播放录像、VCD、DVD 等视频教学节目。

（5）展示实物、模型、图片、文字等资料。

（6）能以高清晰、大屏幕投影仪显示计算机信息和各种视频信号。

（7）用高保真音响系统播放各种声音信号。

二、多媒体环境下的高中地理教学

跟传统黑板粉笔的教学条件不同，多媒体教室为教学带来了更多的可能性，使原本不可能的教学环节成为可能，也促使了多种不同的教学模式和策略的融合。传统教室环境下的地理教学某些不易讲授的教学难点问题，在多媒体教室环境下顺利得到解决。

（一）演示 - 讲授型教学概述

演示—讲授型教学是指教师依据社会要求及学生身心发展特点，通过描绘、举例、阐释、说明、论证等方法，将知识、经验传授给学生的一种教学组织形式。一般情况下采用班级授课制。

一般来说，演示—讲授教学有描述式、解释式、论证式、问答式等几种方式。描述式讲授多用描写的表达方式，兼有叙事和抒情，强调描述对象的形似与神似，适用于人文学科的教学。解释式讲授是就教学内容进行知识要点转述、意义交流、符号转译、程序说明、结构提示等。一般过程为：介绍知识点—予以客观说明（提示、诠释、确认）—归纳小结。它要求突出解释对象的重点、难点。论证式讲授是对基本概念、基本原理与基本方法等进行定义解说、举例分析、原理推导、观点归纳等，是讲授教学的高级类型。它强调原理的推导、证据的组织、相关知识的比较分析以及具体事实材料的抽象、概括等。问答式讲授主要表现为教师问、学生答，形式上为对话教学，实质上却是以讲授为主的教学，也可以看作是从讲授教学到对话教学的中间过渡形态。

演示 - 讲授教学在传递知识信息方面具有无可替代的优点，所以在教学中一直沿用。几乎所有的课堂教学都离不开教师的言语讲授，只是在不同的课堂教学中，讲授所占的时间比重不尽相同。课堂教学无论是空间布局、时间设定还是组织形式，都凸显出教师的主导地位，为讲授教学提供了便利条件。教师深入浅出的讲授，使抽象的知识变得浅显易懂；同时，它借助于语言媒介将知识信息直接传递给学生，让学生进行接受性的学习，避免了学生认识过程中不必要的曲折，能够帮助学生在短时间内获得大量系统的科学知识。

目前，在众多心理学家、教育学家的研究基础上，演示 - 讲授教学在形式上和内涵上不断优化。苏联教育家凯洛夫曾认为，课堂教学过程可分为课堂导入（情境创设）、讲解新课（新知识讲授）、巩固新课（例题与练习）、课堂小结（小结）和布置作业五个环节。加涅则在认知心理学基础上，提出了著名的九段教学，即引起注意、告知目标、刺激回忆先前学过的内容、呈现刺激材料、提供学习指导、提供行为正确性的反馈、评价行为、促进保持和迁移。现代讲授教学吸收了相关理论，从而有效地提高了讲授教学的质量。

（二）多媒体环境下的高中地理教学模式与策略

多媒体环境是指多种媒体共存，对学习者形成多种刺激的教学系统环境。在这种环境下教学能够在较短的时间里呈现尽可能多的信息，同时能够以丰富多彩的信息呈现手段向学生提供教学信息，因此，对于提高教学效率和改善教学效果都有较大的帮助。

1. 多媒体环境下的高中地理教学模式

结合高中地理学科的特点，多媒体环境下的高中地理教学模式可表述为以下四个环节。

（1）创设情境，提出课题

创设情境，提出课题就是教师恰当、巧妙地利用音乐、幻灯、录音、录像等多媒体手段，把形、情、境、理融为一体，通过渲染课堂气氛，使学生产生身临其境之感，为学生理解教材提供特定氛围，帮助他们深刻体验文本内涵。

（2）自主探索，网上协作

学生在学习目标的指引下，对相关网页、站点、链接进行访问。教师为学生提供适当的帮助和指导，对学生的学习过程进行监控，对学生学习中遇到的问题做个别辅导，促进学生的学习进程。学生在通过人机协作进行自主探索的同时，可以通过网络进行各种形式的协作学习，如生生协作、生师协作等。

（3）思维拓展，知识迁移

康德说："每当理智缺乏可靠论证的思维时，发散类比这个方法往往能指引我们前进。"发散思维强调对未知信息的理解和应用，是通过类比、迁移、拓展方式突破原有知识结构去解决问题的思维方式。在发现中寻找规律的过程是螺旋式上升的，只有发散得越来越宽，才能将所学的知识应用到实际问题中。

（4）归纳总结，课题小结

对前面所学的内容进行归纳总结，可由学生总结、老师归纳。锻炼学生的概括能力和表达能力。对前面自主探究的内容及课标要求的知识进行梳理，以便知识的再迁移应用。

2. 多媒体环境下的高中地理教学策略

（1）讲授和演示相配合，利用多媒体解决教学内容的重点和难点现代媒体理论告诉我们，不能用多媒体来代替教师进行教学，因此在课堂教学中要尽量避免利用多媒体进行满堂演示的教学组织形式。目前，班级授课制仍然是学校教学的主要组织形式，即使是在多媒体环境下的课堂教学中，教师的主导作用仍不能削弱。多媒体环境仅仅是课堂教学的信息呈现形式，而不应该是问题解决的根本手段。因此，在这种多媒体环境下的课堂教学中，使用多媒体的重要意义在于通过多种感官刺激激发学生的学习兴趣，以更好地解决学习内容的重点和难点。

利用多媒体创设问题情境，设置悬念，使学生产生刨根问底的急切愿望以激发他们的学习动机，引导他们在设疑—质疑—释疑的循环中，探求知识，发展智力。既使原有用语言和常规方法不易描述的、抽象难懂的知识和理论变得生动、具体、有趣和易学，又解决了多媒体课件授课连续高强度播放、大信息量灌输，学生容易疲劳、走神，影响教学效果的问题。创设问题情境应注意以下几个事项：一是创设的情境要吸引学生的注意力，激发学生的学习兴趣和求知欲；二是创设的情境要使新旧知识结合，要使之产生联想；三是创设的情境要使其产生悬念和疑问，使其原有的知识结构与意向体系产生失衡，再努力去寻找新的平衡。

（2）充分发挥多媒体优势，丰富课堂教学组织形式

课堂教学组织形式是在课堂教学过程中，各种相关要素构成的特定关系。传统课堂教学以讲授法为主，在多媒体环境下可以充分利用多媒体进行小组学习和合作学习等多种教学组织形式。

以小组教学为例，教学开始之前教师须做好分组等组织工作，并且利用多媒体呈现教学中将要解决的问题。在教学过程中，引导各小组成员之间的相互配合与协作，通过讨论小组成员达成共识，提出该组认为合理的表达方案，其他小组可进行评议，找出彼此的不足，并说明理由。教师在充分肯定各小组的成绩时，根据讨论和辩解中暴露的问题，抓住契机，进行评析，指出错误和缺陷，并用多媒体展示教师的方案，再让学生比较师生方案的不同，探讨哪种方案更合理，说出原因，并思考是否有多解。这种教学策略不仅加深了学生对知识的理解，培养了其实践操作能力，而且发展了学生的批判性思维和竞争与合作的精神。同时，教师通过对各种见解进行梳理、评析和归纳总结，从中引导学生探究知识间的内在关系，认识知识对解决现实问题的意义，从而把握重点、突破难点，在理论联系实际的过程中构建内容与方法相统一的知识结构体系；在教师的点拨下，学生通过观摩和评析其他同学的学习情况，回顾自己的学习过程，进行思考、鉴别、消化和实践，感悟升华，实现自主建构，完成学习任务。

第五节　高中地理教学的评价

教师的意志品格、道德风尚、情感态度、学识能力和言谈举止都会对学生产生潜移默化的影响，具有巨大的教育价值。因此，在课程改革中，提高教师素质，可以说是实施素质教育和提高教育质量的主要措施。

一、课程改革对教师素质的要求

随着课改的深入，人们越来越认识到教师在教学过程中具有不可替代的作用，随着"教学是一门艺术"这一理念为大众逐渐认可，人们对教师的期望越来越高，对教师的要求越来越高。教师必须改变传统的教育角色，以适应 21 世纪的挑战和课程改革的要求。

（1）教师应该是学生学习的促进者，而不仅是知识的传授者

随着时代的发展，教师也不再是学生的唯一知识源。教师不能简单地把知识传授作为自己主要的教学任务和教学目的，而应成为学生学习的激发者、引导者，各种能力和积极个性的培养者，把教学的重心放在如何育人和促进学生学习上。

（2）教师应该是教育教学的研究者

这既是时代对教师的要求，也是教师作为学生学习促进者的前提条件。教师如果以研究的精神不断发现问题、思考问题、解决问题，其教育教学的质量就会随之提高，教师自身专业素质也能得到发展。

（3）教师应该是课程的开发者和创造者

课程改革创设了广阔的空间让教师发挥和创造，同时也对教师的专业素质和教育教学实践提出了挑战。依照新的课程标准，教学目标与结果、教学对象、教学内容、教学方法与教学过程以及教学评价都不同于以往的教学，这就要求教师创造性地进行工作，转变教书匠的角色。选修课程和校本课程的开设使教师不仅是课程的实施者，更是课程的研究者。

二、发展性的教师评价

发展性的教师评价是发展性课程评价体系的一个重要组成部分，是与新一轮基础教育课程改革相适应的教师评价制度。发展性教师评价是在充分尊重教师的前提下进行的以促进教师专业发展为目的的评价。它是主体取向的评价，是重发展而非功利的评价，是整体目标指向的评价，是即时性和过程性的评价。

（一）评价目的

（1）促进教师的专业发展

发展性的教师评价，倡导把评价结果以科学的、恰当的、具有建设性的方式反馈给被评价的教师，使其能最大限度地接受，从而促进其专业的进一步发展。

（2）倡导教师个性化教学

发展性的教师评价把控制评价活动和评价过程的主动权交给教师本人，注重教师的个体差异和个性特点，鼓励教师展示自己个性化的工作和成果。

（3）强调教师对自己教学行为的分析与反思

发展性的教师评价注重教师个体的参与，要求自评与互评结合，尤为强调自我评价。

（4）激励教师主动适应现代教育发展的需要

通过发展性的教师评价，引导教师做一个具有现代教育思想、适应现代教育发展和社会发展的现代人。

（二）评价原则

（1）主体取向原则

旨在达成被评价者的主体取向，改变被评价者的被动地位和防御态度，使被评价者与评价者之间形成平等互动的关系。

（2）重发展而非功利性原则

摒弃了以往评价只重学生的考试分数的做法，把评价结果作为促进教师终身学习和专业发展的一种手段和机制。

（3）整体目标的指向原则

面向全体教师，着力促进每一位教师的发展。

（4）即时性与过程性原则

注重即时评价对教师专业发展的促进，关注教师在评价过程中的进步、提高和发展。

（三）评价的实施

（1）评价主体

评价主体的构成具体包括以下几方面：教师自评、同行互评、专家点评、学生参评、家长及社区的开放式评价。①教师自评。教师首先要填写自我评价表，对自己的专业水平进行等级评定，并撰写一份翔实的自我评定报告；每年，教师要撰写一年来改进专业水平的自我评价报告。教师的自我评定结果由两次测评计算平均分而得。②同行互评。对于被评价者所上的课和其自我展示，同学科教师要面对面地开展互评。③专家点评。由被评价教师本人指定的学科的权威人士和校方行政代表每学期至少进行两次点评，每次点评结果均予以公开并做记录。④学生参评。每学期期中、期末共进行两次评议，学生代表（随机抽取 30 人样本）接受对教师教学工作满意度的调查，并填写学生学情调查表。⑤家长及社区的开放式评价。

允许家长及社区工作人员按照申请随时跟班听课，并填写家长及社区教育建议。①

（2）评价范围

①专业知识基础与发展。②教学能力与发展。③人文素养与发展。④主动参与和共事能力与发展。⑤教育研究能力与发展。

（3）评价手段和方法

①教师课堂教学能力展示。②教师代表的作品展示与答辩。③建立教师联席面谈制度。每学期学期初和学期末分别举行一次由学校教务处组织的，由被评价者本人邀请校长、专家代表和同行共同出席的教师面谈会。④对学生发展适应状况的调查。⑤课堂教学的开放式评价。⑧讨论式的教师评价报告。

三、地理教师的教学评价

对地理教师的教学评价除了要遵循教学评价的基本规律以外，还需要考虑地理学科的特点。一些地区为了培养地理教师的能力，促进青年地理教师的成长，经常开展一些地理教师基本功的比赛，地理教学基本功是中学地理教师为完成本学科教学任务所应具有的最基本的教学能力、教学技能与教学经验的综合体现，它从某种意义上来说，是反映地理教师队伍和地理学科教学水平的一个重要因素。因此，大力加强中学地理教师教学基本功的训练，对广大中学地理教师特别是青年地理教师的教学基本功给予科学的评价，对于加速中学地理教师队伍的建设，推动中学地理教学改革的不断深入，大面积提高中学地理教学质量，都具有十分重要的意义。

---

① 广东省教育厅教研室编. 普通高中新课程地理教学与评价指导 [M]. 广州：广东教育出版社，2006.

第五章 核心素养导向下的高中地理教学师生观

随着新课改素质教育理念进程的不断推动，教育体系正在接受新的挑战与改变，而高中地理学科教学理念与教学方法也正尝试符合核心素养培养目标，以此提出多样化教学方法，来提升高中学生地理学科学习的核心素养培养。高中地理学科教学重在培养高中学生地区认知素养，并以此提升学生生活地理学习水平，从而在地理学科认知上开展相应个性化教学，并符合核心素养培养目标，强化高中地理课堂教学质量。

第一节 教师专业发展与核心素养培养

教师是学生文化基础的奠基者、自我发展的指导者、社会参与的引领者。教师专业发展的程度在直接影响着学生核心素养现实发展的高度的同时，也深刻影响着学生终身发展的长度、宽度与厚度。因此，要促进学生核心素养发展，就必须首先重视并实现教师的专业高阶发展。

一、教师专业发展的内涵与学生核心素养培养的关系

20 世纪 80 年代以来，教师专业发展成为世界各国和国际组织日益关注的焦点。联合国教科文组织撰文指出："从历史发展的总趋势看，教师的专业发展及其研究经历了由被忽视到逐渐关注、由关注教师专业群体的专业化到关注教师个体的专业性发展、由关注专业发展外部环境和对社会专业的认可到关注内部专业素质的提高的过程……教师专业发展最终体现于个体的专业性发展，依赖于教师个体对专业性发展的追求，是教师在专业生活过程中自身内在专业结构不断丰富和完善的过程。"

关于教师专业发展内涵的论述，可谓众说纷纭。笔者认为，教师的专业发展，是指教师作为专业人员，在专业知识、专业能力、专业境界等方面由不成熟到成熟的发展过程，即由一名专业新手型教师经过专业适应型教师、专业成熟型教师发展阶段，逐步成长为专家型教师或教育家型教师的发展过程。

教师专业发展的高度与从事教师专业的时间相关，但教师的专业发展并不仅在于时间的累积，更关键的是取决于教师自身专业知识不断广博、专业能力不断增强、专业境界不断高深的主动性、积极性与创造性。新基础教育的创始人叶澜教授曾说过："如果一位教师不能走自我反思提升之路，他可能后三十年的教师生涯就是他最初三年教师生涯的简单重复。"

我们在基层学校也经常发现这样的现象，一些有了几十年教学经验的老教师的教学质量却不及刚毕业几年的年轻教师。之所以出现这样不正常的现象，主要原因就是部分老教师丧失了专业发展的自我能动性，导致经过长期教育教学实践所积累起来的教师专业发展素养不升反降，最后沦落到不及年轻教师的水平。

一些关于优秀教师成长历程的研究也表明，所有的专家型教师和教育家型教师无一不是长期坚持自身专业发展的结果。即使刚参加工作时，这些杰出教师并不显山露水，但经过几十年如一日持续不懈的努力，他们终于成为教育领域中颇有话语权和影响力的专家。所以，对每一位教师来说，专业发展永无尽头，必须以永不满足、追求卓越的态度行走在路上。

二、教师专业发展的理念

（一）教师专业发展的原则

教育部发布的中小幼教师专业标准中明确指出教师要以师德为先、以学生为本、以能力为重并终身学习，这是当代我国教师专业发展的基本原则。

1. 以师德为先

教育是一颗心灵影响另一颗心灵的神圣事业，学生的美好品格要靠教师的美好品格去影响和塑造。因此，要培养具有世界眼光、中国情怀，能够适应未来世界竞争的有为人才，就必须高度重视教师的师德修养。

（1）教师要成为学生践行社会主义核心价值观的榜样

社会主义核心价值观是每一个中国人的家国情怀、公民素养和个人立世的核心准则。教师是给学生授业的经师，也是为学生解惑的能师，但更是对学生传道引路的人师。教师的世界观、人生观、价值观作为至关重要的学生成长影响源，无时无刻不在对学生"三观"的形成发挥关键性的作用。因此，要把学生培养成品格高尚的对国家、对社会、对家庭有责任担当的大写的人，教师首先要成为热爱祖国、热爱家乡、热爱党、热爱社会主义制度的学生的人生榜样，也只有真正爱国的教师才能培养出真正爱国的学生，反之亦然。

（2）教师要成为学生人生品格成长的榜样

中小学生一个非常显著的心理特征是"向师性"，即教师在为人处世时所外显的品格犹如春雨一样润物细无声地影响着学生的品格成长。教师的品格就像播种机和种子一样影响着学生——播下什么样的品格种子就会收获什么样的品格学生。因此，古往今来，中国人特别相信"名师出高徒"，即坚信具有优秀品格的教师才能培养出具有优秀品格的学生。我们在教育实践中，也会常常发现这样的现象：一个班级在建立了两三年以后，这个班级的风格（甚至这个班级每个学生的品格）都变得与这个班的班主任相似。班主任积极进取，这个班就充满了向上的朝气；班主任作风严谨，这个班也纪律严明，行事一丝不苟；班主任乐善好施，这个班也大度从容，愿意与各班和睦相处。反之亦然，班主任斤斤计较，这个班也慢慢矛盾不断；班主任不思进取，这个班也慢慢死气沉沉；班主任得过且过，这个班也慢慢流于平庸。

（3）教师要热爱教育事业，理想远大

正是因为教师对学生"三观"的形成与品格的成长影响非常关键，因此，每一位教师都不能把教师仅仅当成一种养家糊口的职业，而应把教学作为实现自己人生价值、获得人生幸福、贡献国家社会的高尚事业。

当一位教师把教学当成了一种事业，他就会自觉地去加宽、加厚自己的专业知识，发展专业能力，提升专业境界，他就会以永不满足（永不放弃）、追求卓越（追求超越）的态度，不断提高自己的专业素养，以更好地去教书育人。

纵观古今中外教育发展史，那些在教育上取得过突出成就，影响了当代甚至后代的每一位教师，无一不是把整个的身心和智慧投入教育事业中，无一不是对教育达到了痴迷的程度，无一不是胸怀远大教育理想而躬身去实践的教师。

2. 以学生为本

所谓以学生为本，是指每一位教师要把学生的发展作为教师工作的根本宗旨。但学生的发展既包含学生的现实发展，更包括学生的终身发展。以学生为本要警惕过分追求重视学生的现实发展而忽视学生终身发展的现象，尤其要避免为了学生的现实发展而饮鸩止渴般地影响学生终身发展的现象。例如，一些学校美其名曰为了学生能够考上好的大学，但实际是为了追求高升学率，提高学校的名气，不顾学生的身体健康，不顾学生的兴趣爱好，特别是不顾学生的心理承受能力，无限制地通过加班加点对学生进行机械化的刷题训练而取得高分数。这种做法，在损害学生的身体健康的同时，也损害了学生的学习兴趣，损害了学生的学习热情，为学生进了大学就彻底放松埋下了祸根；特别是使很多学生对读书产生了厌恶心理，使他们难以形成终身学习的意识与良好习惯，进而影响学生的终身发展。

为了既对学生的现实发展负责，更对学生的终身发展负责，教师必须树立并实践以下课程教学理念。

（1）素质教育理念

①每一位教师都要做到"三全"。一是要全面贯彻教育方针，使学生在人文底蕴、科学精神、学会学习、健康生活、责任担当、实践创新六大核心素养方面得到全面发展。二是要全面提高绿色教育质量，既重视学生学业成绩的提升，也要高度重视学生学业成绩背后的学习动力、学习兴趣、学习负担、学习效率、睡眠时间、进步幅度和学习心理的情况，从而使学生的学业质量、学习能力、学习动力和学习效率能够同步提升。三是要面向全体学生，不放弃每一个学生。不管学生是听话还是逆反，不管学生成绩是优还是劣，不管学生基础好还是差，每一位教师都要心怀大爱，平等公正地对待每一个学生，尽己所能使每一个学生都得到最理想的发展。

②每一位教师都要抓住"三重"。一是重视学生创新素养的培养，包括创新意识、创新精神与创新能力。二是重视学生实践能力的培养，包括发现问题、探究问题和解决问题的能力。三是重视学生负责素养的培养，包括负责意识、负责精神与负责能力。创新素养、实践能力和负责素养是学生成长为高端人才所必备的最核心的素养。

（2）智慧教学理念

每一位教师都要认识到，教学的目的是不但要让学生掌握知识，更重要的是要让学生获得智慧，包括做人的智慧、做事的智慧、认知的智慧、生活的智慧、发展的智慧等。因此，教师在教学中要采用智慧教学的理念，坚持用建构主义、合作学习理论、脑科学原理指导教学，走上让学生获得智慧的智慧教学之路。

（3）师生和谐理念

"亲其师，信其道"这是教育的一条真理。师生之间只有建立和谐的关系，在教学过程中相互理解、相互尊重，建构一种教与学的命运共同体，让学生在学习中充分发挥自身的积极性、主动性、创造性，才能达到理想的教学效果。

（4）建构学习理念

每一位教师都要认识到，学生学习的过程不是教师将知识、经验、能力转移、投掷和运送到学生头脑当中去的过程，而是学生依靠自身的知识经验对外来的信息（包括教师传递过来的信息）进行自主加工以后，自主建构到自身已有知识体系的过程。因此，在教学中，教师只有充分调动发挥学生学习的主体性，才能取得良好的教学效果。

（5）赏识激励理念

苏联著名教育家苏霍姆林斯基曾经说过："教育就是要让每一个孩子对未来充满期望。"赏识激励是使每一个孩子对未来充满希望的灵丹妙药。马斯洛需要层次理论明确揭示出，赢得尊重与理解是每一个人的心理需要，亦是每一个学生获得自信、发展学习动机的阳光雨露。教育实践一再证明，只要一位教师在对学生严格要求的同时，能够将赏识激励贯穿教育教学的全过程，那么这位教师的教育效果就能得到充分保证。但如果一位教师对学生只有要求与批评，而没有肯定与赏识激励，那么长此以往，不但学生的成长会进入高原期，而且师生关系也将陷入僵局而难以改善，从而制约学生的充分发展。

（6）潜能开发理念

每一位教师都要充分认识到，每个学生都有着不同的潜在能力，而教育的宗旨之一就是发现并开发学生的潜能，使之得到理想的发展。同时，每一位教师都要形成坚定的信念，只要遵循教育规律去进行教学，学生的潜在能力就会被持续激发出来。

3. 能力为重

教育既是科学又是艺术教育的科学性体现在教育要遵循教育学、心理学揭示的教育规律，要遵循脑科学和青少年成长规律。教育的艺术性体现在教育说到底是通过每一位教师个性化的教育活动来实现的。教育与机械化大生产所生产出的产品整齐划一完全不同，它的每一个"产品"都是经过教师的心灵与智慧"生产"出来的，是世界上独一无二的，而这个"产品"的质量完全取决于"生产者"的综合能力。"名师出高徒"是一句真理，教师教育综合能力的高低直接影响着学生发展的速度、高度、广度与深度。因此，每一位教师都要从对学生负责的高度努力提升自身的教育教学综合能力。

4. 终身学习

当代教育对教师知识更新的要求是相当高的，如果一位教师认为从师范大学毕了业或拿到了教师资格证，从而依靠自身现有知识就可以一劳永逸，不用再学习进修了，那就大错特错了。相关教师成长研究结论表明，教师专业能力的 65% 以上是靠入职后不断学习与实践积累发展起来的。如果一位教师拒绝在岗进修学习，就等于拒绝成为一名优秀教师甚至一名合格教师。作为一位教师，需要在岗进修学习的内容是相当多的，自己所任教的学科基础知识与现代前沿发展最新信息要学习，相关学科的普适性知识也要学习，特别是当代课程教学的最新理论与经验需要学习，各级教育行政部门的有关课程教学改革的新观念、新方式、新方法需要学习，而数字化教学所需的教育技术也要学习。可以说，教师在岗进修学习的意识、能力与习惯已经成为一位教师适应教育发展需要、适应教育学生发展需要的最基本、最客观的要求。

（二）教师专业发展的策略

1. 教师专业发展由重视外因驱动转向激发内部动机

建立教师终身教育体系是教师可持续发展的保障。《国务院关于基础教育改革与发展的决定》中提出，要"完善教师教育体系，深化教师教育改革，为推进基础教育改革与发展提供高质量的师资保证"。教师教育就是在终身教育思想指导下，按照教师专业发展的不同阶段，对教师的培养和培训通盘考虑、整体设计，体现了对教师教育的连续性的、可发展的、一体化的要求，以此来保证教师的可持续发展。而我国各师范院校的教育学院和省、市、区（县）的教育学院承载着教师在职教育的职能。目前，我国正在建设全国教师教育信息化网络体系的基础设施框架，探索信息环境下教师教育的教学新模式、管理新模式。[1]

然而，教师的专业发展在重视外部动因推动的同时，一定要更加重视教师专业发展的内在动因（即自我发展动机的激发与保持）。自我专业发展动机永远是教师专业发展最原始、最重要、最强劲的动力。要让每一位教师都认识到，教师专业发展不仅是教师的义务，而且也是教师的权利，是丰富教师生命内涵的重要途径。教师自身要实现专业发展要做到以下三点。

（1）学会学习

21 世纪，人类进入学习化社会，学会学习的必要性从来没有像今天这样紧迫，它已是现代社会人生存的手段，它使人能够有尊严地生活、发展专业能力和进行交往。学会学习已不是权宜之计了，而成了人生教育中合乎逻辑、合乎潮流、合乎情势的必然趋势。

[1] 魏书生. 学生核心素养教育教师指导读本 [M]. 天津：天津教育出版社，2018.

学会学习，首先要有对知识的渴望。教师要给学生"一杯水"，自己就要有"一桶水"。现在看来，教师还必须拥有源源不断的最新、最纯的"水源"。其次，教师要有善于获取知识的方法和认知策略，善于在更新知识中开发学习潜能，自我调控学习过程。教师既要学习内容性知识，又要学习方法性知识。方法性知识是关于学习个体怎样获得知识和技能的方法。它是形成学习者个体的思维力、判断力、解决问题能力的基础，是人在获取知识过程中主体性的智慧、学问和领悟，被誉为现代教育的基础学力，具有一定的永恒性。这是教师实现自身可持续发展的必要条件。教师还要注重借助现代教育技术的功能进行学习现代教育技术，尤其是多媒体技术、人工智能技术和网络技术的发展，给教学带来了前所未有的重大变革，每一位教师都必须掌握一定的现代教育技术并将其应用于教育教学。

（2）学会创造

教师可持续发展的实质和核心是其创新素质的不断发展。创造能力不仅表现为对新理论、新技术的发明，而且是一种发现问题、积极探求的心理取向，更是一种人格特征、一种精神状态，是人的综合素质的具体体现。时代的发展要求培养出创造性人才，这首先就要求教师具备这种能力和素质。只有富有创造精神的教师才能勇于开拓创造教育，只有具有创造性的教师才能培养具有创造性的学生，只有具备创造性个性品质和创造能力的教师才能真正成为学生的榜样。

教师自身的创造性可以概括为：既善于将教育现象进行因素分析，又善于整合，有着系统思维的习惯；既有改进教学现状的欲望和思想，又讲究方法技巧；既合理继承、广泛吸取其他教师的成功经验，又敏于发现问题；既敢于想人所未想，对已有结论提出质疑，又敢于做人所未做，善于构建能反映教学特征的新模式；既坚信个人的创造潜能和坚持力，又注重与他人协作。

当然，最能彰显教师创造力的是培养学生的创造性。有创造力的学生有八方面的特点：①有强烈的好奇心，对事物的运动机理有探究动机；②有高度的自觉性和独立性，不轻易与他人雷同；③有旺盛的求知欲，追求丰厚的文化底蕴；④善于观察，敏于发现问题；⑤工作中讲求理性、准确性和严格性；⑥有丰富的想象力，有敏锐的直觉，喜好抽象思维，对智力活动游戏有兴趣；⑦富有幽默感，表现出卓越的艺术天赋；⑧意志品质出众，能排除外界干扰，长时间地专注于某个感兴趣的问题。

（3）学会反思

美国学者波斯纳认为，教师的成长＝经验＋反思，反思能力是指教师在职业活动中，把自我和教学活动本身作为意识对象，不断地对自我及教学进行积极、主动的设计、检查、评价、反馈、控制和调节的能力。它既受着教师的知识、观念、动机、情绪、情感等个人因素的影响，也受着客观环境的影响。

教师的反思能力主要体现在两方面。一是自我监控。包括意识到自己对职业生涯未来发展的期望；能否通过自我观察而产生自我信赖感和自我价值感；对职业发展做出自我设计；对自己的职业行为负责等。二是教学监控。在教学的全过程中，教师要将广域的教学事实和对教学的直接感悟作为不断反思的源泉，善于从中发现问题，敏于正视失误，及时做出理智的调整，追求教学的合理状态。

教师随着教龄的增长和发展水平的差异，要经历新手期、适应期和成熟期。在教师成长的不同阶段，反思指向也存在不同。新手期的教师可以将对自身教学技能的反思作为切入点，适应期的教师反思的重点应是自身的教学策略，成熟期的教师反思的焦点可以指向自身的教学理念。

在学会学习、学会创造、学会反思的行动中，教师必将顺利走上可持续发展的轨道。

2. 教师的专业发展要重视伙伴合作与同侪互助

教师的专业发展除了要重视教师自主研修和专家指导外，还要非常重视伙伴合作，尤其要充分发挥学校教研组在教师专业发展中的作用与功能。学校教研组是最基层的教师专业组织，是教师直接面对的、关系最密切的专业发展的现实载体，对教师专业发展具有重要的作用。它是教师继续教育的课堂，教师在相互学习与借鉴中提升自身的专业素养；它是一架拉动教师教学理念不断更新的马车，同伴相互激励深化了教师对教育、对教学的理解；它是促进教师专业成长的孵化器，在同伴们出谋策划与共同切磋中，在平凡的教研活动中，教师实现了由适应型教师向成熟型、专家型教师的跨越；它是激励教师走向成功的航船，教师在同伴的鼓励与赞许声中获得了继续前行的勇气与力量。

教研组作为一种具有同侪互助特性的专业组织系统，在教师专业成长的过程中，通过创设教学实践研究的情境来组织和激发教师的潜能和互助内驱力，构建同侪互助型教师文化。教师的专业发展带有明显的个人特征。它是蕴含了将一般理论个性化、与具体的应用场景相适应并与个人的个性特征（如情感、知识、观念、价值观及经验等）相融合的过程。这一特征决定了教师专业发展的过程是教师在教学实践中将"理论知识"和"实践性经验知识"二者有机地融合起来的过程，而这种融合恰恰是众多教师难以依靠自身力量实现的。那么，如何帮助教师实现这种融合呢？理论与实践给出的共同答案是教研组内教师的同侪互助和专家的课堂跟踪指导。

教研组同侪互助教研文化的形成为教师的专业成长提供了土壤与强有力的专业支撑，2004年，亚太经济合作组织（APEC）第三届教育部长会议在其所发表的会议文件《东西方经济在教师专业化发展中的交会》中指出："东方经济体传统上重视知识教学，但在改革中已逐步在教学中提高教学方法的有效性，促进以教师为中心的教学形式向以学生为中心的教学方式转变；允许教师运用自己的知识和技能去教授学科，注重在职培训，让一些优秀教师培训其他教师，加强教师的合作技能和领导技能，提高教师的职业威望。而西方经济体在传统上注重实际效用，提供一些好的方案帮助教师理解知识并尽可能地教好学生，增强学生参与意愿；为教师提供职业培训，帮助他们反思课堂教学，了解学生学习的期待，并综合学生期待的学习结果，改变教学方法，提高学习效果，为教师提供专业发展的机会。"在全球经济一体化、信息网络化的大趋势下，东西方在教育改革中也相互学习借鉴，走向实质教育与形式教育的融合，即重知识教学与重方法能力教学的融合。关注教师专业发展成为东西方教育界的共识。在 21 世纪世界教育改革的价值取向上，中国教育界支持教师同侪互助学习，强调教师参与、协作、互助对自身的专业成长具有支柱作用，得到了世界各国教育界的肯定。

3. 教师专业发展的过程要成为教师体验尊严与幸福的过程

1973 年，美国心理学家弗登伯格（H.J.Freudenberger）在《职业心理学》杂志上首次提出了职业倦怠（burn-out）这个词语。他认为，职业倦怠是指个体在体力、精力和能力上都无法应付外界的要求而产生的身心疲劳与耗竭的状态。相关跨文化研究结果表明，在全球范围内，凡是主要以人为工作对象的行业（如教师、牧师、医生、警察及其他社会工作者等）最容易出现职业倦怠问题。而教师正不幸成为职业倦怠的高危人群。

导致教师职业倦怠的原因是多方面的，从目前我国中小学教师自身和其工作的社会环境来分析，其主要原因有升学与竞争压力、教师的工作环境特点、学校管理文化、社会支持与期望、薪酬待遇和教师本人的人格特征等。

就教师个体生命而言，其教育生涯占据了人生整个历程中最美好、最珍贵、最富有活力与智慧的大部分时光，而教育教学活动占据了教师教育生涯最核心的部分。因此，如果教师在教育教学过程中感受不到人生的快乐与幸福，那么他整个人生的幸福指数将在低位持续徘徊。做个快乐而幸福的教师，快乐而幸福地做教师，既是教育事业的需要，也是教师提升生命质量的需要，教师职业的根本目的，除"传道、授业、解惑"，为社会培养"社会主义合格的建设者与接班人"外，还应坚持以人为本；在提升学生生命质量，让学生成长为自由的、全面的、大写的人的同时，教师也应该在成就学生的同时，感受教师职业的快乐与幸福，提升个人的生命质量。

那么，教师如何才能摆脱职业倦怠，保持心理健康，提高对自身工作成效的满意度，感受到教师职业的快乐与幸福呢？

按照教师与教师职业的关系，可以将教师划分为三种类型：第一种是"以谋生为目的"的"图生存型"教师，第二种是"感受教育快乐"的"享受幸福型"教师，第三种是"不断追求自我超越"的"发展型"教师。因此，我们可以将教师的职业存在状态也分为三种，即谋生和养家糊口的生存型、体验人生和品味快乐的享受幸福型、不断完善自我的发展型。

"图生存型"的教师，把自己所从事的职业看成维持和改善生活的一种基本手段。事实上，教师这一职业并不是他们的所爱和首选，他们是不得已而为之。以这样的心态来从教，他们拒绝新的教育理念和教育技术等一切新的知识与技能。一是把教师看成知识的搬运工。在这些教师看来，教书无非就是知识的灌输，就是把知识从书本装进学生的大脑里，就像是把书从这一个书库搬运到另一个书库。因此，他们照本宣科，把学生当成盛装知识的容器，强调机械训练、题海战术是再简易不过、天经地义的事情。简单重复，机械复述，单调乏味，枯燥至极，任何人都会产生倦怠感。应该说，这就是这种类型教师产生职业倦怠的一个最重要的主观原因。二是把教师的工作看成无可奈何的选择。这一类教师从感情上提不起对教师职业的兴趣，虽然也在忙忙碌碌地工作，但他们仅仅是在履行职责。因此，他们"做一天和尚撞一天钟"，牢骚满腹，抱怨自怜，成天阴沉着脸、板着面孔，动不动还拿学生撒气。这样的教师对教育缺乏起码的热情和积极的态度，哪还谈得上去潜心钻研，又怎能感受到教师职业生活的丰富内容和美好意蕴！热情和兴趣的持续低迷、情感的疏离和冷漠，这本身就是职业倦怠的表现。这种类型的教师亟须实现认识与情感的改变，成为"享受型"与"发展型"教师。

"享受幸福型"的教师，把教师的职业作为他们享受生活、体验人生的重要途径。他们怀着满腔热情投入工作，并在教师这一特殊的职业中找到了自己的位置。他们快乐地与学生交往，幸福地享受着自己教学中的成就。带着这样的心态从事教师职业，就能享受到教师职业的快乐与幸福。一是学生的成长成为教师最大的快乐。对这些教师来说，教育的意义就是学生的成长和进步。特别是看着学生一天天成长变化，实实在在感受到自己倾注心血的回报，意识到对学生未来发展的影响，他们看到了自己劳动的果实，看到了他全部付出的价值所在，从而感受到一种由衷的喜悦感、成就感与自豪感，这成为教师职业信念的重要支撑。二是与孩子们在一起成为教师的最大快乐。对这些教师来说，孩子那天真烂漫的笑脸是天底下最美丽迷人的图画，教室里传出的朗朗读书声是世界上最美妙动听的音乐。只要一听到上课的铃声，他们就精神振奋，所有的疲劳都不翼而飞；只要一走上讲台，他们就激情荡漾，浑身都洋溢着蓬勃的朝气。他们觉得自己喜欢教书也最适合教书，只有在教室里、在学生身边，他们才能找到自己存在的位置，这些教师已经把他们的兴趣与自己的事业放在同一个砝码上，因为爱孩子、爱学校、爱事业而无怨无悔地当一辈子教师。三是在付出和给予中获得内心满足。对这些教师来说，选择教师职业便意味着奉献和牺牲，意味着放弃荣华富贵和高官厚禄。在给予和付出中，他们有一种来自心底深处的满足，他愿意就这样一生一世在教师这个职业道路上走下去。"捧着一颗心来，不带半根草去"，是他们真实职业生活的画像。因此，选择这一职业并无怨无悔地坚守自己的信念，便是一种伟大精神的展现。这些教师已经把"教师"这一职业看成自己的全部生命，并把自己的生命全部倾注到这一职业中。这种"享受幸福型"教师需要在感受快乐的同时不断"充电"，成为持续"发展型"教师。

"发展型"的教师，不是把教师职业仅仅当成满足自身物质需要的功利手段，也不仅把它看成给予和付出之后心灵的满足，而是以发展学生为己任，以学生获得全面、主动、健康的和谐发展为最高目标，并为达成这一目标而孜孜不倦地勤奋工作。同时，教师本人也会通过自由而富于创造性的劳动实现自我发展与完善。要实现师生共同发展，感受教师职业对提升师生生命质量的价值与作用，证明自身存在的意义和价值，教师就要不断地充实和完善自我。

一是老师要成为教育活动的反思者和研究者。"反思"是教师以自己的教育活动为思考对象，对自己在教育中所做出的行为以及由此所产生的结果进行审视和分析的过程。"发展型"的教师认为教室就是他的天然实验室，学生就是他最好的实验合作者，而他在学习中所接触到并认同的教育教学理论就是他实施教学改革的指导思想。于是，教师在反思与研究中就获得了新生。同时，在这个过程中，教师感受到了幸福。有一位哲学家说，幸福的意义不在于幸福本身，而是在追求幸福的过程；在你放弃追求与思考的时候，你也就放弃了幸福。苏霍姆林斯基说过，如果你要使教师幸福，就必须带领他们走上研究之路。

二是教师要将终身学习作为专业成长的推动力。教师应将自己有限的生命投入无限的发展之中。教师应该意识到，教育者必先受教育，教师只有不断地进行终身学习，才具有更强的教育学生的能力，才可能走进由必然王国到自由王国的成功之门。尤其在社会急剧变革、知识爆炸的今天，教师更应清楚地认识到，只有高素质的教师才能提供高质量的教育，才能不辜负社会的重托、家长的嘱托和学生的厚望。而高素质的教师是在终身教育（特别是自我教育）的过程中形成的，是在终身教育（特别是自我教育）的过程中一次次自我蜕变而达到新生的。因此，终身学习使得教师职业生涯焕发出更加旺盛的生命活力。这样的教师已经成为自己职业发展的设计者和实施者，已经成为持续提升自身生命质量的主人。

三是将教师职业视为付出的同时也在获得回报的人生载体。对这些教师而言，他们在体验着三重幸福：他们向学生所付出的积极情感与人生智慧使学生体验到生命成长的幸福；学生以自己的理想成长让他们感受着绵延无尽的幸福；在教育生涯的活动中感受着自我发展带来的幸福。同时，他们又感受着三重的人生价值：学生的全面和谐成长让教师意识到自己思想的延续；家长与社会的赞赏让教师感受到自己生命的尊贵与价值；与充满青春活力和童稚心理的学生们的教学相长让教师体验到生命的灵隽与美好，并成为教师持续发展的永恒动力与不竭源泉。教师以心灵呼唤心灵、以情感陶冶情感、以理想点燃理想、以梦想传递梦想，他们已经不再是经师，而成为人师。

三、教师专业发展的途径

教师专业发展的途径很多，总结起来比较有效的主要有以下四条：

（一）自主研修

教师的个人研修是教师专业发展的最重要也是最根本的途径，因为任何一种教师专业发展途径最终都需要教师转化为自主研修来完成。

1. 终身学习

教师具有终身学习的意识与习惯是教师实现专业持续发展的最有效保证。一位坚持终身学习的教师必然会走上成为优秀教师、杰出教师乃至教育专家直至教育家之路。

教师的终身学习的方式不单单是向书本学习，还包括向同伴学习、向专家学习、向学生学习，同时包括现场学习、网络学习研修等。

2. 教学反思

教学反思是教师专业发展的必经之路。因为教学反思能促进教师积极主动地探究教学问题而走进行动研究的工作状态，能引导教师重新审视自己的教学观念、策略与方法并积极寻找新对策，能实现教师激活自己的教学智慧并迸发教学的潜能。教学反思更有助于教师梳理与升华自己的教学经验，寻找教学规律，使自身由经验型教学走向智慧型、科学型教学之路。斯金纳曾经给出一个教师专业发展的公式——"经验＋反思＝成长"。

教师的教学反思方式主要有总结反思法、录像反思法、档案反思法和交流反思法。

3. 行动研究

教师的行动研究可以理解为问题研究和课题研究，教师的行动研究是教师专业发展的根本途径。当一位教师走上行动研究的道路时，他就走上了专业发展的快车道。

教师的行动研究是教师基于解决实际教育教学中所遇到的问题为主要特征的，它实现了教学过程与学习培训的统一，实现了日常工作与问题研究的统一，更实现了改进教育教学工作与提升工作效率的统一。[①]

教师的行动研究的过程基本上可以分为三个阶段：第一个阶段是在教育教学过程发现问题，包括教育观念问题、策略问题、模式问题和方法问题等；第二个阶段是分析问题、寻找问题阶段，就是要准确而清晰地说明问题的实质，使对教学问题的把握上升到对教学本质认识的高度；第三个阶段是假设多种途径并最终解决问题的阶段。

（二）伙伴互助

教研组作为一种具有同侪互助特性的专业组织系统，在教师专业成长的过程中，通过创设教学实践研究的情境来组织和激发教师的潜能和互助内驱力，构建同侪互助型教师文化。教师的专业发展带有明显的个人特征。它是蕴含了将一般理论个性化、与具体的应用场景相适应并与个人的个性特征（如情感、知识、观念、价值观以及经验等）相融合的过程。这一特征决定了教师专业发展的过程是教师在教学实践中将"理论知识"和"实践性经验知识"二者有机地融合起来的过程。

1. 营造同侪互助文化氛围

一个人的知识与智慧生成是这个人与所属文化环境相互作用而自我建构的产物。因此，要实现教师的专业成长，学校教研组就必须从单纯的管理组织回归为研究教学的业务组织，并进而成为同侪互助的学习共同体。在全面实施素质教育和推进新课程改革的过程中，建立和完善同侪互助文化是教研组建设的重中之重。而教研文化的建设包括物质文化建设、制度文化建设和精神文化建设。与课程改革相谐和配套的组织和管理制度文化，不但是教研文化的重要组成部分，亦是课程改革的重要组成部分，没有谐和配套的组织与制度保障，课程改革将成为空中楼阁。而教研组精神文化建设的精髓亦是由与课程改革精神相一致的和谐互助、改革创新、以生为本、成事成人等要素所凝成。

2. 建构互助与竞争的学习共同体

我国的教研组织有两种形式：一是以学科为单位组织的教研组，二是以年级为单位组织

---

① 魏书生.学生核心素养教育教师指导读本 [M]. 天津：天津教育出版社，2018.

的备课组。学校中年级、学科高度分化的工作特点将教师、教研组分割成一个个相互独立且常常相互冲突的工作个体。而现代知识又具有情境性、跨学科性、生态性特征，这就形成了一个工作方式与知识呈现方式的矛盾。伯顿·R.克拉克指出："广义的知识成了实现多种不同目的的共同手段——既用于完成'大众'性的功能，也用于完成'尖子'性的功能。"这就要求教师之间、教研组之间、学校之间，乃至整个新课程实施领域相关人员之间，以教师为纽带和桥梁、以知识共享为基础来建构学习共同体，并通过开放的同侪互助学习促进教师专业发展。在实际建构过程中，通过教研活动、课题研究、专家引领等载体扩大教研组的协作外延，将教学中诸多现实问题统整到教研活动中，这种共同需求促使教研组在建立共同愿景和自我超越中推动教师专业发展。

教师之间的合作竞争是教师专业发展的一种必不可少的促进力量。彼得·圣吉认为，学习型组织是一个不断创新改变的组织，在其中，大家得以不断突破自己的能力上限，实现目标与价值的持续提升，培养全新、前瞻、开阔的思维方式，全力实现共同的抱负，以及不断学习如何互助学习，并提出了五项修炼——自我超越、改善心智模式、建立共同愿景、团队学习和系统思考。因此，教研组作为一种同侪互助学习共同体，每个教师都有不同的教育理念、个性品质、兴趣爱好、教学风格和能力水平，组内真正、有益的互助本身就应内在地包含着另一方面，即竞争。构建同侪互助式文化就是利用更高层次的团结协作精神来化解教师个人之间的利益矛盾，形成竞争基础上的互助和协作基础上的竞争。事实上，只有双赢互惠才是真正意义上的竞争。

构建教研组同侪互助式文化，教师在竞争与互助的动态平衡中更能超越自我。教师工作的显著特点是教学的独立性。不同教师的角色特点和教学风格集中体现了教师的个性文化，但越是具有个性化特征，相互团结互助的可能性就越大，每个教师潜在的智慧受到激发的可能性就越大，个性发挥的空间也越大。为了教师的个性发展与专业成长，教师应相互沟通、相互支持，提高对分工、竞争和团结协作关系的认识水平。学校领导在安排工作时，应系统思考如何使不同年龄、个性、性别、知识水平和工作经验的教师有效参与，把不同教师之间的差异转化为互助创新的优势，将教师文化与教师的专业及个人发展结合起来，在互助与竞争中使教师个体获得成长。

3. 体现集聚和同化效应

教研组可以形成互助与竞争学习共同体，从而实现教师间的相互学习、借鉴与提升。全国各地都有这样的实例：一所中学的教学教研组几年时间培养出了数名特级教师，这些实例验证了教研组对组内教师成长的重大影响，验证了教研组所形成的学习共同体对教研组整体成长的重大价值。这些典型的实例给予教育工作者一个重要的启示：我们要致力于将教研组建设成为可以凝聚和激发每个教师教育智慧的教学专业组织，并通过这个专业组织，实现教师专业水平的快速提升，实现教研组核心竞争力的提升，实现学校的超常规跨越式发展。

同伴互助研修的方式很多，如专题学习法、磨课法、课题(行动)研究法、沙龙讨论法、多元展示法等。

（三）专业引领

教师自主研修和伙伴互助是促进教师专业发展的有效途径。但一般情况下，校内同层级教师多横向交流，明显缺少纵向的专业引领，教师会自囿于同水平反复。因此，教师还必须向教育教学专家学习，不断吸收先进理论、技术、方法和经验，促进自身专业发展。

在专业引领中，引领人员既可以是教育科研的专家，也可以是教研部门的教研人员，还可以是既有一定教育教学理论，又有丰富实践经验的教育教学第一线的学科带头人。科研专家对教师的引领主要是教育教学科学理论的引领，教研人员对教师的引领主要是把教育教学理论与教育教学实践结合在一起的引领，教育教学第一线学科带头人对教师的引领主要是具体实践操作的引领。引领人员必须具有较高的素质水平和引领能力，在对教师的专业引领过程中，既有对教师理论上的指导，又有实际的教育教学示范；既要参与到教师学习、研讨的过程之中，又要对教师具体的教育教学实践进行评析，还要采取切实有效的方法和措施，善于指导教师开展教育教学实践活动。因此，引领人员一方面必须具备丰富的教育科学理论知识和实践经验，同时又要对引领工作有高昂的工作积极性，乐于从事引领工作，保证引领工作的顺利和有效。在专业引领过程中，接受引领的教师，要有积极上进的精神，要确立"我要学习，我要发展"的思想，在接受引领的过程中充分发挥自己的主观能动性，积极配合，向引领人员虚心学习、认真求教，深入钻研、努力提高。只有这样，他们才能促使自己的水平得到提高，促进自己的专业获得更好更快的发展。

（四）学校要建立促进教师专业发展的机制

1. 让校本培训成为教师促进自身专业成长的第一福利

师资是学校发展的第一要素，培训是教师的最大福利。要把好事办好，实现双赢。培训应让教师感到有用、得益，以激发教师的内驱力，寻求适切的、有序的、有用的、有趣的、有效的校本培训内容和模式。除了教师的学科专业能力的培训之外，更要注重教师人文素质的培训和提高。要坚持教、培、研一体化，重点加强以下三方面的培训。

（1）全校教师要全面提升教育理论素养，学校要整合校内外专家资源，进行建构主义、潜能开发、人文教育、生态教育理论等理论学习指导。

（2）全校教师要进一步提升论文写作素养，学校要对教师的论文写作进行指导，指导他们如何选题、如何构思、如何撰写、如何发表、如何提升等。

（3）全校教师要进一步提升科研素养，学校要对教师的教育科研进行指导，指导他们如何选题、如何写开题报告、如何进行过程研究、如何写结题报告等。

2. 坚持奖惩分明的教师管理策略

学校的政策、资金、奖励措施要坚持向工作表现好的骨干倾斜、向中青年教师倾斜、向长期在课堂教学工作岗位上的教师倾斜，并坚持多劳多得、优劳优得。奖惩要与教师专业发展相结合，对积极上进不断提升专业水平的教师予以鼓励和支持。

3.高度重视并大力加强教研组建设

教研组是促进教师专业成长的生态田园、孵化基地，在教师专业成长过程中发挥着组织、管理、互助、激励等功能，要为每一个教研组聘请导师，将每一个教研组都打造成促进教师专业发展的学习型、研究型共同体。

（1）教师坚持沿着"实践、反思、提高、升华"的自我专业提升路径持续前行。

（2）备课组要坚持将集体备课、相互听课、及时研课、反复磨课常态化，互相听课学习，扬长避短，砥砺提升。

（3）教研组要坚持将开展汇报课、展示课、研究课制度化，充分发挥团队在促进教师专业发展中的作用。

（4）学校应坚持将跨学科上示范课、展示课、研究课活动经常化，用学科带头人、骨干教师的智慧优势带动面上教师发展，以优质课推动日常课质量的提升。

（5）学校应坚持推动校际教学交流学习活动开展，同兄弟学校开展同课异构或教学展示活动。

（6）学校应坚持深化家校互动，每学期每个年级、班级向家长开放，让家长走进课堂，对学校的教学工作提出真知灼见。

四、教师专业发展的评价

在教师专业发展考核评价过程中，要将教师作为评价主体和需要激励的对象，采取激励主体主动参与评价的管理行为，使教师真正接受评价结果，主动改进工作，推进教师可持续专业发展。

（一）激励教师主动参与考核与评价

我们原有的对教师的评价标准是一个相对封闭的系统。在素质教育和课程改革日渐深入的今天，如果我们还是用这样的标准去评价在进行创造性工作的教师，是难以认定和激励广大教师工作的主动性和创造性的，评价的导向作用是有悖于课程改革理念的。

首先，应尝试在教师考核与评价体系中建立教师"自评"和"自述"专项。"自评"是教师对自己各项工作的评价打分，为他评提供参考；"自述"是鼓励教师将在评价指标中没有包含的工作内容和成绩进行文字表述，弥补评价指标的有限性，使之呈现出开放和接纳的姿态，激发教师在考核与评价过程中的主动性与积极性。

其次，通过建立较全面的评价体系，更深层次地激励教师参与评价的积极性。只有评价内容和信息全面与客观，才能使评价公正与公平，才能更深层次地激励教师主动参与评价。每个学期教师都会有不同的工作研讨和任务安排，都要付出大量的时间和精力去适应、去工作。这些付出和成绩都应该是得到认可的评价内容，因此，必须将教师工作过程中的发展和成绩纳入教师评价体系中，从而使教研组参与评价的积极性受到激励。

（二）激励教师将考核与评价作为学习的过程

在教师的自评中会出现不平衡现象，有的教师比较谨慎，给自己的评价打分较低；有的教师希望得到更多的认可，对自己评价打分较高，要使评价真正公平公正，就需要有监督机制，互评（教研组之间评）和他评（领导和专家评）就是评价中的监督机制。为了调动教师参与评价的积极性，尊重教师的自我评价，同时发挥互评和他评的监督作用，必须采取开放、互动的评价，来处理好教师自评、教研组之间评和领导、专家评三者之间的关系。

首先，要尊重教师的自评和自述，把教师的自评和自述作为互评和他评的基础和参考。在学期中的交流和评价，同样也注重教师自我推荐的内容。

其次，要组织考核与评价相关人员认真听取教师的自评和自述，对其中值得关注的内容和项目有初步的印象，再组织相关人员观摩教师的教学活动。这样就可获得两个效果：其一，对教师的自评起到激励和监督作用。教师必须将自己的评价公开，并要通过自己展示的教研活动才能得到认可，这既激励教师主动展示自己工作的成绩，又约束教师必须客观地为自己打分。其二，引发教师间在发展建设上的互相关注和学习。当教师看到其他教师取得成绩时，便会与自己的工作相比较，并在互评过程中仔细观察，从而收到互相学习的效果。

再次，领导和专家的他评更注重在日常教育活动中的观察评价结果，发挥学习的导向性。

（三）激励教师主动对工作进行反思

对考核与评价结果的处理，是评价进程中的关键性工作。管理者将教师作为评价中需要激励的对象，最关键的是看评价对象是否接受对他的评价结果。如果教师能心悦诚服地接受对自己的评价结果，他就会主动地根据评价意见调整改进自己的工作，这样评价的目的就达到了。反之，就可能前功尽弃，起不到激励教师主动反思和调整工作的作用，从而使考核与评价的功能受到影响。

分析教师对评价结果的期望，不仅集中在奖励机制上，更集中在对教师工作的认可上。因此，给予每个教师不同程度的正面认可是十分必要的。首先，应注重评价过程中的定性反馈，在每学期工作总结中公布教师考核与评价结果的同时，明确各教师取得的主要成绩和存在的主要问题。要根据各教师的基础教学和学期工作目标完成情况对成绩进行肯定，避免直接根据终结目标评价，让教师有发展空间。其次，由于教师的工作成绩有大有小，专业发展也有层次，应采取分层认可教师工作成绩的方法，使各教师都及时得到激励。对于工作成绩突出的教师，应组织全体教师进行观摩，使该教师在展示中被认可，也使其他教师心悦诚服；对于评价成绩不够理想的教师（或未达到个人努力目标的教师），应给予充分的重视，通过个别交谈，再次听取教师的意见，帮助其分析主客观原因，给予其必要的鼓励和指导；

对于面上的大多数教研组，应认真进行评价工作总结，使不同层次的教师都能得到认可和鼓励；更重要的是，通过每次评价和互动，教师都要反思评价工作中存在的问题和不足，作为下一次评价工作调整的依据。

在积极主动的评价反馈工作中，要努力使各层次的教师都感到外在的压力和内在的动力，越来越重视考核与评价，在教育评价中使教师工作得到全面、稳步的提升。同时，在考核评价的过程中，要始终把教师作为教育评价的主体，自始至终将教师的劳动、成绩、感受放在考核与评价工作的重要位置，通过积极互动，调动教师参与评价的积极性，激励教师主动反思、调整策略，提高工作效能。

第二节　高中地理学习的基本方法

很多进入高一的学生觉得地理很难学，由初中的"是什么，在哪里"，到高中地理的"为什么，有什么规律"，尤其是必修1的自然地理部分，理解难度大，学习时要求学生有较强的抽象思维能力和逻辑思维能力。同时，与地理原理、地理规律相关的数学、物理、化学、生物等知识的讲授相对滞后，使学生在学习过程中对部分知识时常感到难以理解。所以，要学好高中地理，可以尝试从以下几方面去做。

一、学会读书

对地理教材的阅读理解是地理学习的一个重要组成部分。对教材知识点要理解记忆，而不是死记硬背。要达到较深刻的理解，就必须在教师的指导下认真阅读、积极思考。

高中地理中的自然地理（主要是必修1），应该采用偏重理科的学习方法，强调理解重于记忆，以会用为目的，侧重于对地理原理、地理规律的理解运用，理论联系实际分析解决问题。

要学好自然地理知识，应做到以下三点。

第一，要抓"概念"重"消化"。在学习地理时，要重视概念的学习，要对所有的地理概念一一消化、理解、吸收，不留夹生饭。只有概念清楚了，判断、推理问题才能正确无误。要把那些特别容易混淆的概念罗列出来，一一对比其差异，诸如天气、气候，天气系统、气压系统，气温日较差、气温年较差，等等。当然，概念学习不是孤立的，要在分析和解决问题的过程中进行。

第二，要抓"原理"重"理解"。从基础知识抓起，扎扎实实、一步一个脚印地过"地理原理"关，如气温与气压的关系、海陆热力差异形成的季风与季风气候等。掌握了这些原理、法则和规律，分析事物就有了说服力，就能做到举一反三，寻找同类地理事物的一般特点和规律。

第三，要善于总结和归纳，掌握地理学习的规律。将知识整理归纳形成主干，构建自己的"思维导图"。思维导图是指用联系的方法来表达人们头脑中的概念、思想和理论等，是把隐性的知识显性化、可视化，便于思考、交流与表达。它是由节点、连线组成的知识网络图，其中节点表示概念，连线表示概念之间的联系，用节点和连线组成的网络知识结构表示某一个主题及其层次。

高中地理中的人文地理（主要是必修2、必修3），主要属于文科内容，适合采用偏重文科的学习方法，在理解的基础上加强记忆非常重要。学习时要多看书、会看书，熟悉和掌握知识要点；把握教材的脉络和主要思想、观点；还要多思多想，善于总结，形成自己的看法。学习人文地理要侧重于观点、方法的运用，更要结合实际进行评价与反思。

二、学会阅读和使用地图

学好地理首先要学会使用地图，养成读图、用图和收集地图的好习惯，"左书右图，图文并茂"，从地图中获取知识信息、发现知识、提高技能。学会了使用地图，学习地理就会变得轻松、学得有趣。只要掌握了正确的读图方法，养成良好的用图习惯，形成基本的用图技能，也就掌握了学习地理的最重要的工具。

（一）认识地图

掌握构成地图的基本要素，会看图例，能在地图上查找地名和地物、量距离、定方向，能在图上看地表高低和起伏大小。教师指导学生看图时要先看图例、比例尺、经纬度，这样才能更准确地掌握地图上所表示的空间范围和大小，以及地图上表示的是哪些地理现象。例如，翻开世界地形图能正确指出地图上的地名，说出任何一个海域的深度，指出任何一个地方的高度，等等。

（二）熟悉地图

要求学生熟记常用的地图图例，即各种符号名称、形与义以及它们的性质、类别。对常用的地图，则要求熟记一定数量的地理事物的名称，知道它们的位置。如中国地图、世界地图上的主要政区、高山、大河、大城市、世界的主要气候类型、洋流分布等。

（三）绘制地理略图

地理略图能把复杂的地图简化，具有一目了然、印象深刻的效果。地理略图可以有力地揭示地理事物的相互联系，显示出它们之间的因果关系，对理解地理成因也有重要作用，尤其是做地理笔记时如能辅以地理略图，学习效果更佳。指导学生绘制地理略图时要注意：做好示范；"取其神似，大胆剪裁"；掌握图形特征、相关位置。

（四）学会运用图表、地图阐述和分析问题

分析地图能力要以认识地图、熟悉地图为基础，因而难度较大。教师可以根据图的特点

分别采用"空间顺序法""时间顺序法""逻辑顺序法"给予指导。如水循环示意图可采用逻辑顺序法。先看图中地理事物（海洋、陆地、山脉、湖泊、树木、云、雨），再判定这些事物分布的四大圈层，水存在于其中；接着再根据箭头所示，看水循环发生在哪几个领域（海洋与陆地之间、陆地与陆地之间、海洋与海洋之间），判断水循环分哪几类（海陆间循环、内陆循环、海上内循环三类），然后再分别观察海上内循环共有哪些环节（蒸发、植物蒸腾、水汽输送、降水、地表径流、入渗、地下径流），最后总结地球上的水就是通过循环运动，把大气圈、水圈、岩石圈和生物圈相互联系起来，陆地上的水不断得到补充。分析地图及图表的能力是学生走向社会和生活最需要、最有用的技能，要有计划地进行训练。

三、学会思考问题

在教学过程中，要注意让学生养成勤思考的习惯。加强问题意识的培养，采用教师提问题、学生提问题等多种形式，有意识地进行地理思维训练，引导学生掌握设疑—提问—思考—解决的思维线索。根据地理教材的不同内容，进行形象思维、辩证思维、创造性思维的训练。如高中地理必修1"从圈层作用看地理环境内在规律"就是很好的辩证思维训练内容。

四、学习中需要注意的几个环节

学习地理与学习其他科目一样，要注重学习的几个环节：预习、上课、练习、复习，特别是容易忽略的预习、复习两个环节。根据记忆规律，课前预习和课后复习是很有必要的，通过预习可以提前知道教材内容概貌和自己不懂之处，便于上课时分配注意力。因为上课时每一分钟注意力都很集中是做不到的，上课有明显的节奏感，必须将劲用在关键处，把精力最旺盛的时间放在重难点上。学习地理绝不能等全部学完后再回头复习，那样是绝不会理解教材中的知识的。如果把当天的内容当天就理解消化，那就是另一番景象了。日积月累就会养成良好的地理思维习惯，学习地理就会易如反掌了。高考虽然是能力立意，但注重基础。地理基础知识包括基本概念、基本事实、基本原理和地理事物的空间分布等，因此，复习中应多看书。实践证明，自觉做到课前预习和课后复习，可以大幅度提高学习效率。[①]

五、注重将学过的理论原理和生活、生产活动相结合

现代社会是个信息社会，生活中处处蕴含着信息，如电视新闻、报章杂志、媒体网络、旅游科技、综艺体育等经常为人们提供大量的知识信息，这些信息中很多是人们普遍关心的鲜活生动的地理知识和敏感具体的地理问题，我们要善于收集和处理，不断补充丰富地理知识。课外也要注意博览群书，养成良好的信息素养，如走进图书馆、访问互联网站、参加社会实践调查等，及时查阅收集、检索处理地理信息。这不仅是地理课堂教学的重要延伸，也是收集资料、获取信息、充实知识、丰富阅历的有效途径。信息就是资源，信息就是知识，要使自己成为生活和学习的主人，就要不断提高自己收集和处理信息的能力，勇于实践、勤

---

① 巩天佐. 和谐高效思维对话——新课堂教学的实践探索（高中地理）[M]. 北京：教育科学出版社，2011.

于创新。

地理知识内容十分丰富，实践性强，应用性广。学习时，要紧密结合、密切联系周围的事物和现象、当地和国家的经济发展、国内外的时事热点等，让学习更贴近生活实际、更为鲜活有趣。还要尽可能地走进大自然、走入社会，亲身感受生活中的地理知识和现象，将在书本上和课堂上学到的知识和能力应用在野外观察和社会活动中，培养观察分析、活学活用、理论联系实际解决具体问题的能力以及交流合作、实践创新的能力。

第三节　优化学习状态的基本策略

学习状态是学生学习时的心态、身体、学习方法等综合作用下所处的状态。每天有效学习时间、每次最长学习时间、学习强度、大脑清晰度，是学习状态的四大指标。学习状态的开放性是现代化课堂教学中的学生区别于传统课堂教学中学生的显著标志。

随着新课程不断深化，高中地理教学对学生的学习状况将会日益关注。学习状态是直接影响学习成绩的关键性因素。

一、优化学习方式

（一）创设一种能引导学生主动参与的学习环境

教师应积极创设能引导学生主动参与的学习环境，改变单一的教学方式，优化学生的学习方式，进而提高学生的学习效率。

例如，在学习"水稻种植业"时，由于城区的学生一般对水稻种植没有生活体验，如果让学生直接进入水稻种植的区位因素的分析，梯度太大，会给学生学习造成过大的障碍。可以这样设计：

第一步，课堂延伸，增加体验。课前布置学生网上查找水稻种植的相关资料或向长辈询问水稻种植的生产过程，去市场调查大米的产地。

第二步，读图分析，训练能力。（多媒体）演示四幅地图，分别为"亚洲季风水田农业的分布""亚洲气候类型分布""亚洲人口分布""亚洲地形分布"，让学生进一步分析"季风水田农业的区位因素"，在给学生几分钟时间读图分析后，让学生把自己的想法写到黑板上。教师再引导学生进一步分析，最后得出结果。

第三步，阅读思考，拓展思维。多媒体展示三段资料，分别为"我国水稻种植的历史""我国南方居民的饮食习性""我国人口与耕地对比表"，在第二步的基础上进一步完善。提供相关的背景资料，应具有直观、形象、典型等特点，利于学生进行感知认识，进行深入的探讨和思考，加深对抽象地理知识和原理的理解，最终使语言文字的表达能力、资料分析能力得到提高。

第四步，组织归纳，把握重点。由学生小结季风水田农业的区位因素，避免出现课上热热闹闹、学生课后心中空空荡荡的现象。

第五步，自学课文，提升思维。学生自主学习季风水田的水稻种植业的特点，要求学生重点分析各个特点的形成原因，发现各特点之间的内在联系。这样做，不是为了简单地让学生记住几个现成的特点，而是意在让学生通过分析，关注规律形成的过程，增加学生思维的深度。

（二）变"单一活动"为"多元活动"

教师要为学生提供运用多种学习方式进行学习的可能性。引导学生阅读和分析课本的文字、图表材料（图文学习）；组织学生观看影像资料（直观动态材料的感知）；组织学生分组讨论（语言交流）；组织学生室外实践（实践活动）；请校外专家做专题讲座（开放性学习）；使用互联网查询资料（信息加工）等。

例如，在讲"产生昼夜交替"的时候，让学生参与实践活动。（1）学生自己动手用手电筒表示太阳，照射地球仪，观察昼夜半球的分界线——晨昏线，讨论该分界线与手电筒光线的关系。（2）用地球仪演示地球自转，启发学生观察并思考晨昏线的移动方向，进一步解释昼夜交替的原因等。设计室外活动实践："日影观测法"。使用竹竿、卷尺、手表等工具粗略计算学校所在地的经度。指导学生以小组为单位，讨论确定实验设计方案，参与实验操作，计算实验结果。[①]

（三）关注学生学习结果的呈现方式

学习方式的多样化也可从评价方式的多样化体现出来。学生经过紧张的智力活动，是否完成了学习任务？教学目标的达成度如何？所以教师还必须考虑学生学习结果的呈现方式，可以让学生自选呈现学习结果的方式，例如，可以书写，也可以绘制图表、图画，还可以与教师面谈等。

例如，利用现代信息技术分析"冷锋对当地天气的影响"。首先，建立一个"冷锋对当地天气的影响"的网页，包括学习资料、问题讨论、成果展示、信息交流等内容。教师可在"学习资料"中提供学生应该掌握的基本概念和独立学习时需要的背景资料，在"问题讨论"中提出讨论的题目，保证学生能从互联网上查找资料；第二步，学生分组收集当地的天气资料，及时整理后放到网页上；第三步，小组讨论，利用收集的资料说明问题，并记录讨论过程，整理后放到网页上的"讨论区"中；第四步，将小组或个人的学习成果放在网页的"成果展示区"中，与同学分享。第五步，全班同学集中讨论、总结，开展成果评比。

在实际教学中，优化学生喜欢的有效学习方式，不仅是新课程标准倡导的体现，更能培养学生对终身学习的兴趣，以及进行终身学习的能力，使学生理解多种学习方式的作用，进而提高学生的学习效率。教育时，教师要贯彻理论联系实际的原则、学用结合原则，阐述地理课的实用性和有效性，以提高学生的能力为教学中心。若长久坚持，学生就会从"为用而

---

① 吴松年，王军. 新课程有效教学疑难问题操作性解读. 高中地理 [M]. 北京：教育科学出版社，2008.

学"发展到"越学越有用，越有用越想学"的境界。

二、激发学生的学科兴趣

在新课程高中地理教学中，由于教师的教学方式单一、学生学习方式单一，出现了学生的学科兴趣不浓，教学效果低下的状况。尽管如此，地理教师仍要面临"对学生终身发展有用的地理"和高考的双重压力。为此，地理教师想尽了一切办法来激发学生的地理学科兴趣，努力使学生成为"自己的学生"。但是，至于如何有效激发学生学习地理的兴趣，有相当部分年轻地理教师仍感困惑。

（一）努力打造和谐的教学氛围，为学习兴趣的培养做铺垫

俗话说"爱屋及乌"，如果学生喜欢某位教师，自然就对教师讲的课表现出浓厚的兴趣；学生如果不喜欢，甚至害怕某位老师，要想使学生对这位老师所教课程感兴趣是很困难的。可见，要想提高教学效率，必须顾及师生的关系。也就是说要想激发学生的学习兴趣，必须在教学中培养学生对教师的亲切感，让学生成为教师的崇拜者，从而构建起和谐的教学氛围。教材中的部分内容理论性、抽象性都很强，学生又缺乏必要的地理知识储备，很难激发学生的学习兴趣，如果这时不注意打造和谐的教学氛围，那么，地理课的教学将会是"一潭死水"。[②]

（二）引入生活中的地理，激发学生学习地理的欲望

地理课上应该尽可能应用贴近生活、学生感兴趣的材料充实课堂内容，切忌单纯用教材中的理论，所以这就要求地理教师的见闻要广。还要考虑到高中学生的兴趣爱好，将一些跟课本知识有联系的又贴近学生生活的内容搬到课堂上来。同时，如果教师能在教学中巧妙地预设疑问，利用学生的好奇心理，避实就虚地设置悬念，就可以使学生产生浓厚的学习兴趣。

（三）努力改变单一的教学模式，激发学生的学习动机

相当一部分地理教师在沿袭着"教师在讲台上说，学生在下面听"这一教学模式。这种填鸭式的教学很不利于教师与学生之间的互动。所以在地理教学过程中，应在学生主体自学、预习的基础上，鼓励学生提出疑问，大胆质疑，哪怕学生的观点与结论不相一致，也应给予宽容。同时还要让学生走出校园，走出课堂，走进社会，从事研究性学习，引领学生了解社会、关注民生，培养学生人文情怀，提高学生应用能力。

例如，在学习"辨别地理方向"的时候，完全可组织学生走出教室，让学生实践利用罗盘辨别方向、利用恒星辨别方向、利用手表辨别方向等方法。像正午太阳高度的测量、利用当地正午太阳高度测算当地经度、三大类岩石的特点及地貌形态等知识都可以组织学生走出教室，到野外实践。

② 吴松年，王军. 新课程有效教学疑难问题操作性解读 [M]. 北京：教育科学出版社，2008.

只要能有效激发学生的学习兴趣，起到好的教学效果，不同的教学模式都可以尝试一下。

（四）利用现代教学手段，有效培养学生的学习兴趣

高中地理所涉猎的内容兼顾多科知识，其时空界限广阔而遥远，单纯依赖学生的地理素养是难以掌握的。但可以借助各种直观教具，或者借助现代化的电教、多媒体教学等手段，把学生难以"置身其中"的教学内容展现给学生，以激发学生的学习兴趣，但切忌滥用。

例如，对于"地球自转的地理意义""地球公转的地理意义"的学习，可以利用多媒体课件演示地球的自转、公转，太阳直射点的移动规律、正午太阳高度和昼夜长短的季节变化、极昼极夜现象及其范围等内容。再例如，在学习各类自然灾害和防治的内容时，采用多媒体辅助教学，对于激发学生的学习兴趣，效果更好。

高中地理新课标非常重视激发学生的学习兴趣，可见，学生的学习兴趣直接关系到地理教学效果的好坏。

三、在教学中开展地理实践活动

地理实践是学生最喜欢的地理学习方式之一，然而，在现实高中地理教学中，却很少有学校和教师"敢"将这种学习方式"还"给学生。虽然地理实践"很麻烦"，但是地理实践还是具有可操作性的。

（一）室内实践

1.动手实践

教师指导学生利用学具、教具或其他地理实验器材，通过合作、探究和动手操作获得真实体验。

2.演示实验

教师利用教具、地理器材，采用演示手段，加深学生对地理学习对象的印象，把书本上的理论和实际事物联系起来，易引起学生的兴趣，集中学生的注意力，获得较牢固的知识。

例如，在学习"地球的宇宙环境"时，用三球仪演示"月相变化原理"，还可以用晨昏仪演示昼夜的形成、更替，演示昼夜长短的变化及其规律，演示黄赤交角，演示太阳直射点的回归运动及其动态变化轨迹，演示一年中不同日期晨昏线与经纬线的相互关系。在学习"从地球圈层看地理环境"的"岩石圈与地表形态"中用"褶皱、断层模型"演示它们的形成过程；在"大气圈与天气、气候"中用锋面演示模型、气旋（反气旋）演示模型生动地演示冷暖锋、气旋（反气旋）的天气现象变化过程等知识。

3.多媒体模拟实践

在课标教材中有很多地理现象、过程、规律超出了学生的感知范围，是教学的难点。如

果使用多媒体技术模拟演示就会较容易地突破教学难点。

例如，在"从宇宙看地球"中地球自转产生的昼夜交替、理论时区，地球公转过程及由此产生的太阳直射点在地球上的周年变化规律，可利用多媒体制作成模拟动画，使学生较轻松地掌握这一知识难点。事实上，对于那些时间、空间尺度较大的难以观察的地理环境、现象、过程、规律等，如大气运动、洋流、水循环、地壳物质循环等都可用多媒体技术直观地模拟出来。

（二）室外实践

在地理学习中，进行室外实践是必要的，也是可行的，教师能够很容易地进行操作：确定范围、确定课题（主要由教师和学生骨干拟定）；人员编组、拟订计划（如何分组、各组的研究任务是什么、谁是负责人、到什么地方、何时开始、何时结束）；分析整理、撰写报告（根据分工在规定的时间内落实）；制作文稿（论文、专题调查报告、社区地理概况）。

1. 室外观测

例如，在教学"地球自转的地理意义"中"产生时差"这一地理意义时，设计室外活动实践：利用"日影观测法"。使用竹竿、卷尺、手表等工具粗略计算学校所在的经度。指导学生以小组为单位，讨论确定实验设计方案，参与实验操作，计算实验结果；单元活动"辨别地理方向"。在学第二单元第二节"大气圈与天气、气候"中"大气的保温作用"这部分内容时，利用透明塑料袋、玻璃瓶和温度计进行模拟大气温室效应的小实验；组织学生利用各种天文观测仪器观察月相变化，记录并总结月相变化规律等。

2. 野外实践

例如，在教学"从地球圈层看地理环境"中的"岩石圈与地表形态"、"从圈层作用看地理环境内在规律"中的"垂直地域分异"规律等内容时，都可以进行野外考察。

3. 社会调查

例如，对于"城市与地理环境"的学习，可以组织学生进行社区生态环境调查：包括绿化覆盖率、人均绿地面积、主要植物和植被特点（来源、适应性），垃圾处理情况（垃圾箱数量与分布、收集方式、垃圾数量与种类等）、污染源情况（名称、分布、污染类型、群众反映、处理情况）、水体情况（河道、池塘、人工水景等），噪声平均值，人口数量、形成过程，标志性景观、地名来源等的社会调查。在教学"人类活动的地域联系"时，组织学生进行社区交通状况：包括社区道路总长度、道路完好情况、道路路面整洁情况、交通拥堵的地点和时间、道路两侧商店门前责任制情况、社区道路停车情况（车库、数量、品牌、泊车时间、集中发车时间）等的社会调查。

高中地理课程标准强调开展地理观测、地理考察、地理试验、地理调查和地理专题研究等实践活动。其实，开展地理实践活动，不仅培养学生的实践能力，更能提高学生对地理的学科情趣，优化他们的学习状态，进而让学生能够利用自己喜欢的学习方式来提高学习效率。组织开展室内与室外实践，可以拓展学生的地理视野，激发学生探究地理问题的学习兴趣，同时，也可以培养学生的学科素养。这不仅有助于学生充分学好地理课上的内容，而且有助于学生建立良好的解决问题的能力。充分利用地理实践活动，也能够丰富教师的教学活动形式，充足教学内容。

四、教师要适时调整教学心态

在新课程标准的要求下，高中地理教师不仅要搞好学生的地理素养的培养工作，而且还要搞好高考备考工作。于是教师常会处于这种尴尬的境地：面对新课程标准，有点雾里看花；面对新教材，有点无从下手；面对各地模拟试题，有点不知所措；面对学生的学科状态，有点心急如焚；教师的教学心态由此而倦怠。在这种情况下，地理教师如何适时调整自己的教学心态呢？

（一）在备课过程中的心态调整

新课程标准下的高中地理教材，内容精练，跳跃性强，思维层次较高。这种过于"浓缩"、过于"精华"的教材文本简短，许多知识"一点带过"，讲多深、讲多广，很难把握；地理知识缺乏系统性，比较零散。同时，由于不同版本对"课标"的诠释不尽相同，这让在一线的教师顿感失去了方向，从某种意义上来说，教材是教师上课的导向，是依据。由此使许多地理教师产生了"紧张心态"。消除这种心态最好的方法之一就是研究高考题。

（二）在学生成绩面前的心态调整

在新课程高中地理教学中，地理教师一边忙着要搞好学生的"地理素养"培养，又要面临各类考试。在考试前，教师常会担心，怕学生考不好，不仅影响了学生自己的前途，同时也影响了自己的教学业绩。其实，教师应该有"不以物喜，不以己悲"的心态。当学生小有成绩时，应及时总结经验，写好教学反思；当学生成绩不够理想时，更要认真做好反思，查找原因、制定措施加强教学。"正确归因"是此时作为地理教师应该具备的心态。

例如，教师应时常做学生成绩不好的归因分析。（1）审题方面：缺乏良好的审题习惯，审题不明确，读图分析能力弱，有些有用的解题信息就不能挖掘出来，从而影响了成绩。（2）答题方面：基础差、能力差。具体地讲包括四方面：一是地理基础知识掌握不牢固，运用能力、应变能力差。二是基本地理概念混乱、分辨能力差。三是答题不规范、地理语言表述能力差（实际上是缺少地理语言，也就是基础的知识点没记住）。（3）学习方法与习惯方面：审题习惯、书写习惯、思维习惯都很差。学习态度不端正。

在做了认真分析以后，教师就能以积极的心态来看待学生成绩的波动，并制定出对策。

（三）在学生出错时的心态调整

古人云：人非圣贤，孰能无过。作为心智还未成熟的学生，他们自身难免犯错。除了分析学生主观方面的原因，还应多从教学方法、教学条件、学生学习环境、学习基础等客观方面找原因。教师应注意保护学生学习的积极性和人格尊严，激励学生克服困难。只要教师有耐心、有恒心，对教学中出现的各种问题进行及时合理的归因，及时发现问题，找到问题的原因并进行解决，那么，学生的学习成绩就会很快提高。

例如，"地球运动"中的"相关计算"的教学，这一部分是难点，且与初中地理还有联系，尤其是经纬网部分的知识。那么，在教学中，地理教师应该先复习讲授"经纬线（度）"的知识：经纬度的空间概念、判断方向等。尽管这一部分是在复习，其实，由于初中的要求标准偏低，所以，教师还应该慎重处理这一部分内容。另外，由于初中教材中已删去有关"时区"部分的知识，因此，在高中地理教学中，教师一定要补充、完善该知识点（对于这一部分内容，学生不断出错，教师是有一定责任的，在教学中，教师应具备承担自己失误的勇气和心态）。

在新课程实践中，广大地理教师都有一个共同的感受，那就是学生的基础或学习能力与新课程要求的差距很大。面对新教材编写体例的巨大变化、内容难度的增加，传统的备课方式、教学模式以及自身的知识储备已经比较难以胜任把每一个学生都教好这个任务。在这种现实的情况下，教师必须调整好教学心态。对地理教师来说，尤其是青年教师，适时调整好自己的教学心态，营造积极的心态，对于优化学生的学习状态，进而进行有效的教学具有重要意义。

五、在课堂教学中指导学生进行有效阅读[①]

在新课程高中地理教学过程中，常常存在学生自主学习无法深入，合作学习难以有效开展等现象。其重要原因之一就是教师在课堂教学过程中，未能很好地引导学生进行有效阅读。现在有一个不良倾向，就是只要提新课程教学改革，就是自主学习、合作学习、探究性和研究性学习等，好像有效阅读等一些常规的、有效的传统学习方法就不能提了。其实不然，新课程改革是在继承以往优秀教育教学经验的基础上的一种创新，强调有效阅读恰好是实现自主学习的一种重要的、基本的方式，也是进行合作学习、探究式学习和研究性学习的基础。那么教师应如何开展有效阅读呢？

（一）培养学生形成良好的阅读自学习惯

1. 反复向学生强调有效阅读的重要意义

强调形成良好的有效阅读习惯对学习的巨大作用，让学生在思想上高度重视有效阅读。

2. 介绍适当的有效阅读的方法

遵循学生自学与教师讲授紧密联系的原则，教师在指导学生有效阅读时，应根据学习内容和学生实际的学习能力和水平。其方法应简便易行、灵活多样，让学生做起来难度不大、

① 广东省教育厅教研室编 . 普通高中新课程地理教学与评价指导 [M]. 广州 : 广东教育出版社，2006.

费时不多。

3.指导学生对有效阅读的成果进行总结

教师应结合教学内容及时对学生的有效阅读进行点评，总结经验，扩大影响，让学生体会到阅读使自己处在课堂教学过程中的主体地位，赢得了学习的主动权。教师的指导有利于学生通过有效阅读提高理解能力、逻辑思维能力、自学能力等，有利于学生形成良好的学习习惯。

（二）指导学生掌握有效阅读的方法

地理学科的有效阅读主要有以下几种方法。

1."语义式"阅读法

主要适合于内容篇幅较长，但知识点不多、层次比较清楚的章节或段落。阅读时，要先通读，先找出知识点，排一排知识层次，再对每一个知识点进行归纳概括，然后做好读书笔记。

2."提纲式"阅读法

该方法适合于理论性强、理解难度较大的学习内容。其过程是：教师在阅读前展示阅读提纲，理出主要知识点，为学生看书自学指出思路，从而达到降低自学难度的目的。

学生依据阅读提纲，带着问题去看书、读图，并完成一定的要求，然后教师让学生提出各自的见解，最后由教师归纳意见，得出正确结论。

3."习题式"阅读法

就是教师根据高中地理课程标准的要求，把学习内容转化为练习题，让学生边做题边阅读，边阅读边做习题。该方法适合于知识点较为密集，重、难点较集中的学习内容。

4."地图式"阅读法

"地图式"阅读法就是要求学生在阅读时充分重视地图的作用，认真读图，分析地图，理解、记忆地图。通过读图能够从地图上获取地理知识、地理信息，并能够做到图文转换。能够应用地图说明地理问题，寻求各种地理规律、地理特征和地理成因的答案，也能把图转换成文，用语言文字准确叙述图所揭示的地理事物的分布、地理规律和地理成因等。

具体的读图方法有两个。一是左图右书，图文结合。边看课文，边看地图册，把文字内容落实在图像上。二是边读、边想、边产生疑问。在阅读的过程中，要不断地思考：是什么地方？有什么？为什么？怎么样？

5.学会笔读

勤于动笔，手脑并用，是很好的有效阅读方法。俗话说，好记性不如烂笔头。读地理书时，一是边读边勾画重点、难点、要点，也可以打上各种符号，必要时还可以做简单的眉批，这样有利于抓住要领，加强读书印象，利于复习巩固。二是边读边写提纲。如通过阅读教材，分清主次，理清各种关系（主次、并列、因果、从属等），能按地理知识的结构，写出阅读纲要或制成简单的表格、图表，形成知识框架，使零散的知识系统化。三是边读边绘图，即将文字的地理知识用图的形式表达出来。

6. 阅读地理教学的主干知识

例如，"农业区位因素"部分内容的阅读，就要搞清楚农业区位因素中哪些是自然因素、哪些是社会经济因素；哪个具体区位因素决定了农业区位选择的必要性，哪些区位因素则决定了这种区位选择的可能性；哪些区位因素是动态可变的？这种可变性是不是有条件的。

只有把这些农业区位的主干内容搞清楚了，才能谈得上对该专题进行进一步深入探究，才能实现知识的迁移，运用与农业区位因素有关的知识去分析问题、解决问题。如蔬菜基地的区位选择在交通发达的国家与交通不发达的国家是否有不同？为什么？

7. 泛读和精读相结合

地理学博大精深，综合性极强。从其学科属性上看，它既具有理科的特点，又具有文科的特点，被誉为是"文科中的理科"。要想进入地理学习的"门槛"，单纯阅读中学地理教材是不够的，还应当融合其他学科的知识和方法，拓展教材以外的相关材料，尤其是阅读与地理学有关的、世界上重大的地理事件等内容。

以上几种阅读自学地理课本的方法，适合于不同的教材内容和不同程度的学生。在教学过程中，要因材施教、因人制宜，灵活运用。

有效阅读是高中地理课堂教学中一个重要环节。要使学生在课堂上能积极主动地投入教学活动中去，培养他们养成独立、主动的学习习惯和学习方法，有效阅读是很重要的。所以，在新课程教学中，教师应旗帜鲜明地提倡和坚持学生的有效阅读，并在实践中不断改进，让学生逐渐养成良好的学习习惯，认识到有效阅读的价值，从而达到提高地理课堂教学效果的目的。另外，有效阅读方法还有很多，教师可以在教学中进一步加以总结与归纳，也可以提倡学生在阅读的过程中不断发现新的、有效的阅读方法，真正实现有效阅读。

六、有效使用板图教学

地理板图是指教师在教学过程中，凭借记忆和熟练的技巧，用简单的工具（如各色粉笔）和简练的笔法，在黑板上边讲边绘而成的简略地图或示意图。地理板图具有化繁为简、重点突出、边讲边绘、印象深刻，形象生动、启发诱导等优点，是引导学生建立地理地图空间概念、培养读图分析能力的重要手段。在新课程教学中，教师如何有效使用板图呢？

（一）课前设计，胸有成"图"

在课堂教学中，地理教师最常使用的是地理教学挂图。教学挂图大多是综合性的，多种地理要素的信息混杂在一起，使得每一种地理要素在图中很难突出、直观地显示出来。而地理板图则能够以最简单的笔画，简化原图，把复杂的综合性地图简化为轮廓、山脉、河流、城市等专题地图，切中要点，一目了然。

边讲边绘是运用地理板图的主要特点，也是地理教师必须具备的教学技巧。但是，什么时候画图？画哪些内容？如何同其他教学方法和直观手段相互配合？画图的标准是什么？达到什么目的？等等问题，需要教师在备课时认真考虑，充分准备，不能课堂上随意涂画，以免误导学生。

（二）抓住特点，绘制轮廓

地理板图设计的核心是对原图的简化，它具体反映在对板图轮廓和内容的构思上。地理板图绘制一般是先绘轮廓，再绘内容。迅速、准确地绘制好轮廓图是运用板图的基础。

1. 地理轮廓图的基本类型

地理轮廓图的基本类型包括几何图形法、折线图形法、曲线图形法或形象图形法等。

（1）几何图形法：往往表示大区域的轮廓特征，如各大洲轮廓和位置示意图。

（2）折线图形法和曲线图形法：略去原图中的一些小弯曲，分别用直线和曲线构成轮廓图。折线图形法交接处往往有尖角，曲线图形法笔画要弯曲自然。

（3）形象图形法：该法记忆和识别我国省级行政区的轮廓十分有效。中国地理的学习以政区为基础，要记住 34 个省级行政区，学生普遍感到困难和枯燥。将我国某省级行政区的轮廓与某一想象的动物、人物或其他形象物体对应起来，有助于学生记忆。

例如，内蒙古自治区像雄鹰，展翅翔翔于祖国的北方大地；山东省像卧驼，驼头向东伸进浩瀚的大海，静观世界风云变幻，适时调整前进的步伐；云南省像孔雀，是孔雀的故乡，开放着展示祖国迷人的热带风光；新疆维吾尔自治区像牛头，是亚欧大陆桥的桥头堡，牛头向西喜迎嘉宾，金牛奋蹄，振祖国西部之雄风……

2. 做好三个结合

（1）板图与教师的语言、动作相结合，边讲边画。板画—语言—手势和谐结合，绘声绘色，有景有理，教学效果很好。

（2）板图与地图相结合，边指图边板图。板图容易突出某一地理要素，但不利于学生从整体上把握知识。

（3）教师板图与学生模仿、创作相结合。学生是学习的主体，课堂上，不仅要让学生做"观众"，更应该做"演员"，用视觉、听觉和触觉去感知地理事物和现象，从模仿到创造，发展学生的形象思维和抽象思维，培养学生的绘图表达能力。

七、用地理信息技术辅助教学

在新课程中应用 RS、GIS、GPS 等地理信息技术，能极大地改善地理教学实物模拟的局限性。但是，许多教师在花费了大量精力和时间使用地理信息技术编制多媒体课件后却发现，用之进行辅助教学，学生的地理成绩提高得并不明显，这在很大程度上影响了教师们应用地理信息技术进行辅助教学的积极性。

仔细分析教师编制的课件和学生的学习过程发现，应用地理信息技术进行辅助教学成绩不理想的原因有很多，其中一个关键的原因是：教师利用地理信息技术编写多媒体课件时，所选取的地理内容一是偏多、二是不够合理，不少内容明显地干扰了学生们正常学习的注意力。因此，在地理教学中应用地理信息技术时，选取哪些内容编制地理课件辅助教学，这是值得广大地理教师慎重考虑的一个疑难问题。

（一）用地理信息技术辅助教学的原则

在地理教学中可以应用 RS、GIS、GPS 等地理信息技术进行辅助教学的内容很多，可以说高中地理教材所涉及的内容基本都可以应用信息技术辅助教学。但是，地理信息技术毕竟只是用来辅助教学的一个手段，课堂上过多运用地理信息技术就失去了其"辅助"的作用。这样，不但不会提高课堂学习效率，还会适得其反，产生大量的"噪声"，分散学生的注意力，抑制学生的有效学习，影响师生之间的交流和沟通，降低学习效率。因此，教师在应用地理信息技术进行辅助教学时，选择的内容应注意遵照几方面的原则。

1. 相对重要性原则

所选用的地理内容，必须是本课地理知识的重点或难点，是整堂课的核心或关键。所挑选的内容要量少质高，应用地理信息技术进行辅助教学时，这部分内容要特别醒目、突出。

2. 课堂难模拟性原则

在日常生活中，很多地理事物、地理现象或地理过程难以在课堂上模拟再现，如大气环流、世界各地的自然景观等，就应该尽可能地应用地理信息技术进行辅助教学，降低学习难度，便于学生学习和理解。

3. 简单实用性原则

所选用的地理内容要简单明了，方便教师应用地理信息技术制成课件。课件制成后还要使用简单，操控出错率低。

4. 辅助性原则

有很多地理知识虽然也比较重要，但由于所含的信息量大、内容多，不便于教师在课堂上大量利用。这类内容应用地理信息技术处理后，可以快速浏览、检索，节省课堂时间。

（二）用地理信息技术辅助教学的内容

根据上述原则，适合应用地理信息技术进行辅助教学的地理知识主要有以下几方面的内容。

1. 地理事物和地理现象的空间分布特征和分布规律

如气候、地貌、植被、土壤等自然地理要素，或城市、乡村、道路等人文地理要素，不论是全球的或区域的，不论是平面的还是三维立体的，都可以通过电子地图或卫星图片，形象、直观地把它们的空间分布特征、分布规律和地域差异展现出来，帮助学生对这些地理事物和现象的空间分布特征、规律进行平面的或三维立体的分析、研究。如利用 GIS 地理信息技术进行地形教学，可将地形立体地模拟出来，让学生直观地观察山峰、山脊、山谷、鞍部、陡崖等多种地形部位，犹如身临其境。还可通过动态旋转，使学生改变地形观察的方向，从多个角度认识地形。

2. 地理事物和地理现象空间分布的变化特征和规律

在地理教学中，可以利用遥感技术监测全球或区域的植被、大气、河流、道路、居民点等地理景观和生态环境的空间变化。通过比较不同时期的卫星图片，很容易看出一个地区自然和人文景观在空间分布上的前后变化以及该地区生态环境的变化。如学习交通运输、居民点、植被、生态、资源、环境污染等内容时，用地理信息技术辅助教学，就很容易让学生认识和了解一个地区地理要素空间变化和生态变化的趋势及其变化的原因，建立正确的人地观，提高学生分析问题、解决问题的能力。

3. 地理事物和地理现象的动态过程

GIS 技术可以把复杂的自然景观、地理现象的空间分布用三维动态的方法方式表现出来，将地理教学中不易观察与掌握的地理过程通过虚拟的场景来展现。在地球、月球运动的教学中，可通过 GIS 技术，建立场景，模拟制作太阳、地球、月球的运动轨迹，让学生直观地认识天体的运动规律。其他地理过程如大气运动、天气系统的变化、洋流、地壳物质的循环等，都可以制成动漫课件辅助教学。

4. 地理案例或地理实例的图像、数字、文字等阅读材料

这类地理内容信息量特别大，利用地理信息技术，可以将它们组织成简洁、有序的地理信息，方便学生快速阅读、查找和比较，从而节省课堂时间，提高课堂学习效率。

5. 地理基础知识的复习巩固和课堂快速反应训练题

巩固地理基础知识最好的办法就是反复学习和练习，熟能生巧，通过反复学习和练习，可使学生达到全面掌握基础知识的目的。由于地理课时量少，课下大量的时间又被语、数、外三大科占领，所以，应用地理信息技术进行知识的快速复习和快速反应的强化训练，是解决这一问题的好办法。

总之，可用于地理信息技术辅助教学的内容很多，如何选择和运用，还需要教师们尝试。现在高中地理课程标准中要求学生要了解"数字地球"，这就给地理教师今后的教学提出了新要求：要积极学习和大胆运用地理信息技术，帮助学生建立地理空间概念，认识全球

环境的整体性、区域差异性与变化过程，培养学生提取、加工、整理、分析地理信息的思维能力。

八、创设教学情境

教学中，教师常遇到类似的问题：我国冬小麦什么季节播种、什么季节收割？竟然有相当多的高中学生答冬季播种和秋季收割！看似非常简单的问题为什么学生很容易出错呢？原因就在于学生的生活阅历比较浅，缺乏生活经验，而学生原有的知识和经验恰恰是教学活动的起点。

所以，教师需要为学生的学习创设教学情境，以解决学生生活经验不足，理解教材有一定难度的问题。创设教学情境就是给学生的学习提供一个前提与现实的条件，为学生学习新知识铺路搭桥，跨越"最近发展区"，达到新的发展水平。那么该如何做呢？

（一）加强情感教学，创设情绪情境

有人说：从血管里流出来的是血，从山泉里流出来的是水，从一位充满爱的教师的心中，流淌出来的则是充满魔力的情感。第斯多惠说得好：教学的艺术不在于传授的本领，而在于激励、唤醒、鼓舞。没有兴奋的情绪怎么能激动人？没有主动性怎么能唤醒沉睡的人？没有生气勃勃的精神怎么能鼓舞人呢？

新课程呼唤科学世界向生活世界的回归。教学情境的创设强调情境创设的生活性，其实质是要解决生活世界与科学世界的关系。因此，教师要注重引领学生走出课堂，走向大自然，辨认东西南北，呼吸新鲜空气，欣赏山川秀水，观看草长莺飞，观测日食月相，调查社会民生。教师还要挖掘和利用学生已有的知识和经验，在学生鲜活的日常生活环境中发现、挖掘学习资源。

（二）运用图画，再现课文情境

地图是地理课的第二语言，充分运用地图是学习地理的有效方式。教学挂图、课本插图、简笔画图等都可以用来再现课文情境。用图画再现课文情境，就是把课文内容形象化。

教师所创设的教学情境，首先应该是感性的、可见的、摸得着的，它能有效地丰富学生的感性认识；其次，应该是形象的、具体的，它能有效地刺激和激发学生的想象和联想。这样，既让学生获得更多的知识、了解更多的事物，又能使学生超越个人狭隘的经验范围，促使学生形象思维与抽象思维互动发展，促进感性认识向理性认识的转化和升华。

（三）应用教具模型，演示学习情境

在学习"地球公转的地理意义"一节时，学生普遍感觉到地球上昼夜长短的变化和正午太阳高度的变化非常抽象，难以掌握。教师可以运用模型教具，形象直观地演示任意时间太阳直射点的位置及移动方向、全球各地的昼夜长短状况、正午物体影子的长短变化及朝向

等。特别是在解释"随着黄赤交角变化，地球上五带的变化规律"时，更显示出它的魅力。

运用教具演示，学生可以亲自动手。学生在操作中，观察、思考、验证、判断、分析、领悟。这样，既提高了学生学习地理的兴趣，又培养了学生的动手能力，让学生在实践中自己发现问题、解决问题，激发学生的潜能和创造力，提高学生的素质。

（四）扮演角色，体验学习情境

在教学中，教师根据不同的教学内容设计一定的角色，让学生扮演当事人，寓教育于表演过程中，把科学性、知识性、趣味性巧妙地结合起来，使教学过程生活化、艺术化。让学生在角色扮演和角色交往中，学习科学知识，激发学习兴趣。

例如，在学习"人类活动的地域联系"中"交通运输布局"时，面对日益严重的交通问题，可设计三种角色——市民、公交公司经理、市长，让学生分别扮演不同角色，并考虑可以采取哪些措施来解决城市交通问题。

第六章　高中地理核心素养教学案例实践

地理核心素养，是在地理素养的前提下，找出其中主要的、对今后发展产生决定性影响的地理学科素养。在课程改革大背景下，教师应积极转变传统教学理念，转变高中地理课堂教学模式。不过，目前学校教育中依然以应试教育为主，学校为了提升学生考试成绩，地理课堂教学中依然奉行传统教学理念。而在实际教学中，基于地理核心素养的案例教学发展中存在诸多不足。因此，全面做好核心素养下地理课堂的案例教学工作，对于我们做好地理教学工作具有重要意义。

第一节　高中地理必修课程教学案例

一、自然地理

（一）第一单元：宇宙中的地球

1. "宇宙中的地球"的基本内容解析

（1）描述地球所处的宇宙环境，运用资料说明地球是太阳系中一颗既普通又特殊的行星。

（2）简述太阳对地球的影响。

（3）分析地球运动的地理意义。

（4）说出地球的圈层结构，概括各圈层的主要特点。

2. 学生活动的建议

新课程标准里对主动学习非常强调，学生活动的种类多种多样，见表6-1。

表6-1　各版本教科书所提到的学生活动形式

教科书版本	学生活动形式
人教版	阅读、案例、读图思考、问题研究
湘教版	思考活动、实践活动、阅读、探究活动、双语学习

地图社	课题探究、学习指南、案例研究、思考、复习题、阅读、名词链接

各种版本教科书所提到的学生活动形式不尽相同，其实老师在课堂上也可以安排、拓展其他各种形式的活动。人教版在第一、第二节内容可拓展的空间很大，有关太阳系中的各大行星的特征、太阳本身的特点等问题都可以组织课堂活动。现举例如下：

①描述一下满月。

②盈凸月的前一个阶段是上弦月还是下弦月？

③上弦月和下弦月之间有几周？

④盈月和盈凸月哪一个离满月的时间较近？

⑤月球的阴影是在满月前还是在满月后从右向左移动？

⑥月球的新月从一个月的第一天开始，请分别计算月亮处于亏月、盈凸月和下弦月时的日期。

⑦在月球绕地球一周的时间里，每一个月相持续多少个夜晚？设计该活动时应考虑它是否能按照课程目标的要求提高学生的知识、能力、情感态度？上述案例是为了满足提高学生表达能力、观察能力而设计的。

有些活动可以直接在课本上取材设计，如下所示。

①运用人教版第5页的图1.5的数据绘制一张折线图，标出各大行星与地球的质量和体积比的两条折线。

②分析根据数据绘制的折线图，对其中两个变量的关系加以说明。

此案例是为了训练学生基本地理技能而设计的绘图练习，属于课程目标的第二条能力要求。

（二）第二单元：自然环境中的物质活动和能量交换

1. "自然环境中的物质活动和能量交换"的基本内容解析

（1）运用示意图说明地壳内部物质循环过程。

（2）结合实例，分析造成地表形态变化的内、外力因素。

（3）运用图表说明大气受热过程。

（4）运用示意图，说出水循环的过程和主要环节，说明水循环的地理意义。

（5）运用地图，归纳世界洋流分布规律，说明洋流对地理环境的影响。

2. 关于"自然环境中的物质活动和能量交换"的教学活动建议

在这部分的课标里建议学生的活动形式有以下几种：绘制地图、野外实习、模拟实验、计算机学习、角色扮演的活动课，等等，充分体现了以激发学生学习兴趣为主要目的的指导思想。其中野外实习等项目由于时间和地点的问题，在教学过程中难以随课时同步进行，但是我们可以转换形式来模拟操作，比如，案例五中的课前故事和谜底的竞猜都可以作为课堂的活动来完成。又例如无法对河流有感性认识就可以按照案例六提供给老师的"河流的历史"

等小项目的活动来改善课堂教学气氛。角色扮演所需时间较长，准备工作比较多，在课时比较紧张的情况下，可以分小组讨论或发表意见。标准中建议温室效应可以进行模拟实验，其实本部分内容有许多知识可以进行模拟实验的操作，比如，案例八"大气的运动"中模拟热空气上升的实验就是一例。进行实验的教学时，不但可以让学生模仿课堂学习过程自己回家展开操作，也可以组织学生进行实验设计比赛等活动，有意识地加强对学生自主学习的指导。

（三）第三单元：自然环境的整体性和差异性

1. "自然环境的整体性和差异性"的基本内容的解析

举例说明某自然地理要素在地理环境形成和演变中的作用，举例说明地理环境各要素的相互作用，理解地理环境的整体性。

2. 运用地图分析地理环境的地域分异规律

自然景观作为一种系统除具有整体性外，另一重要的特点是具有地域性，即地域分异的规律性。它是指地理环境各组成成分及整个景观在地表按一定的层次发生分化并按确定的方向发生有规律分布的现象。例如，从赤道至两极，从湿润的沿海至干燥的内陆，从山麓至高山顶部，甚至在局部地段（如山坡和谷底）中，都可以观察到不同属性的地理环境发生有规律的变化。这些现象的成因、特性、表现形式和彼此之间的关系等，是地理学研究的重要内容之一。它既有重要的理论意义也有重要的实践意义。按照课标的要求首先应讲解地域分异具有不同的规模或尺度。地域分异通常可分为大、中、小三种：①大尺度分异，包括全球性尺度；全大陆、全海洋尺度；区域性尺度。②中尺度分异，如山地中垂直带的分异等。③小尺度分异，如局部地段中处境引起的分异等。其次再从不同空间尺度的地域分异角度说明，即全球范围内存在着自低纬到高纬的纬向地域分异规律；中纬度地区存在着自沿海到内陆的经向地域分异规律；高山地区存在着自山麓到山顶的垂直地域分异规律；因海陆分布、地形、河湖等引起的非地带性地域分异规律。在讲解地域分异规律的同时复习自然带的分布是必要的，在运用地图分析的过程中可以增加学生绘制地图的训练；或者把自然带分布的学习融合在活动课中，比如案例中提到的角色转换的活动课安排，这样可以把学生的学习积极性充分调动起来。

二、人文地理

（一）第一单元：人口的变化

1. 课程标准：分析不同人口发展模式的主要特点及地区分布

（1）标准解析。

①知识和技能目标。

A. 理解人口自然增长率的概念。了解人口基数对自然增长率、人口增长绝对数量的影响。

B. 了解世界人口增长的时间变化及原因、世界人口增长的空间变化（地区差异）及原因。培养学生的地理读图能力和技巧。

C. 了解我国以及其他发展中国家和发达国家的人口问题和人口政策。

D. 了解什么是人口增长模式。理解不同的人口增长模式的类型及地区分布、特点和影响及其转变的因素。

E. 运用本地人口资料绘制图表，探究本地人口的发展模式。

②过程与方法目标。

A. 运用图表资料理解什么是人口自然增长率，联系实际生活中人口数量的变化，区分人口的自然增长和机械增长。

B. 运用图表或数据分析世界人口时间、空间分布特点、差异及原因，让学生学会从图中提取信息的能力和方法。

C. 通过分析案例，让学生掌握人口增长的模式及转型的特点，提高学生综合分析问题和解决问题的能力。

D. 在网上或采用其他方式收集并分析有关本地人口情况的资料，绘制图表，研究其人口发展模式。

③情感、态度和价值观目标。

A. 更好地理解我国人口国策的必要性和长期性。

B. 培养学生用联系的观点、发展的眼光、整体性的思维方法思考问题，树立人口增长要与社会经济的发展相协调、要与环境承载力相适应的人口发展观。

（2）教学设计。

①学习主题一：人口的自然增长。

A. 人口增长的时间变化。

引入：展示中国的第 13 亿个公民在北京妇产医院诞生的图文资料，引导学生思考为什么中国 13 亿人口备受重视。

阅读"人口增长模式及其转变示意图"，理解人口增长率的概念，知道自然增长率由出生率和死亡率决定，联系身边事物举例说明自然增长和机械增长的区别。读"世界人口增长过程图"，思考：世界人口数量变化的总趋势如何；农业革命前人口数量和人口增长的特点及原因；农业革命与工业革命期间人口数量和人口增长的特点及原因；近一百年来全球人口增长的突出特点及原因（数量以前所未有的速度在增长，发展中国家相继独立，医疗卫生条件改善，对各种灾害和疾病的防御能力也不断提高）；中国人口增长的特点与世界人口增长的特点是否相同。

B. 人口增长的空间变化。

读课本中图示信息，用对比的方法，从人口增长的数量和速度两方面分析。思考：哪一个洲人口增长的数量和速度最多（少）或最快（慢）？为什么非洲人口增长速度最快，但人口增长总数最多的却是亚洲（人口基数大）？比较发达国家、发展中国家人口增长数量和速度有何异同。世界上人口增长总数取决于哪类国家？人口增长快好还是慢好（要与经济发展相协调，与环境承载力相适应，发达国家经济发展水平高，但是人口增长慢，发展中国家经济发展水平低，但是人口增长快）？发达国家和发展中国家的人口增长各表现出什么问题？带来什么后果？对策是什么？

②学习主题二：人口的增长模式及其转变。

过渡：人口增长取决于人口自然增长率，自然增长率又由出生率和死亡率决定，那么在不同的社会生产力条件下，"三率"的变化首先从哪个开始？它们是如何变化的？

③人口的增长模式类型转变。

读"人口增长模式及其转变示意图"，并结合课本中的表1.2分析思考：三种人口增长模式的名称是什么？三种人口增长模式的特点是什么？原始型向传统型转变时、传统型向现代型转变时的人口自然增长率分别是多少？人口增长模式的转变是由什么的降低开始的？最终是由什么的降低实现的？转变的原因是什么？尝试说出三种人口增长模式出现的历史时期。师生共同列表完成三种人口增长模式基本特征：原始型：高高低；传统型：高低高；现代型：低低低。

2. 课程标准：举例说明人口迁移的主要原因；运用本地人口资料绘制图表，探究本地人口迁移的特点

（1）标准解析。

①知识和技能目标。

A. 理解"人口迁移"这一概念。掌握人口迁移的两种类型及其表现特点。

B. 理解影响人口迁移的主要因素。

C. 运用本地资料绘制图表，探究人口迁移的特点及原因。

②过程方法目标。

A. 结合本地区人口数量变化实例，理解"人口迁移"这一概念，理解一个地区人口数量变化是人口的自然增长和人口迁移的特点。

B. 分小组分析数据和案例，理解国际（国内）人口不同时期迁移的方向、原因、特点，掌握人口迁移的两种类型及表现特点。使学生学会读图及列表对比分析问题的能力和方法，提高学生的迁移能力。

C. 通过分析案例，让学生归纳影响人口迁移的主要因素，提高学生综合分析问题和解决问题的能力。

D. 探究活动1：分组查找资料，调查本地区改革开放以来人口数量的变化情况，并分析其变化的原因，课堂上相互交流。

探究活动2：调查本校教师的籍贯，归纳分析主要的来源区及原因。

③情感、态度和价值观目标。

运用辩证唯物主义的发展观，全面理解人口的发展理论，树立正确的人口观。

（2）教学设计。

①学习主题一：人口迁移。

引入：结合本地区人口增长情况，提出问题：一个地区人口数量的变化，包括哪些方面（人口自然增减和人口迁移）？

让学生阅读课文，理解人口迁移的概念及分类。

对国际人口迁移的理解，以"15—19世纪世界人口大迁移图"和"第二次世界大战后世界人口大迁移图"为案例，可采用分组讨论形式，列表让学生对比分析：二战前后人口迁移的特点、迁出地区、迁入地区、原因、意义。再进一步比较二战前后人口迁移情况：迁入变迁出地区、迁出变迁入地区、始终是迁入地区。

让学生读"当今世界主要移民迁移路线图"，分组讨论：当今世界人口迁移的主要流向是什么？引起迁移的主要因素是什么？迁入美国的主要是哪些国家和地区的人？西亚和北非地区为什么能够吸引部分移民？欧洲内部人口迁移的基本特征是什么？引起迁移的原因是什么？中国人口迁移的主要方向是哪里？

②学习主题二：人口迁移的因素。

通过阅读课本，思考：哪些因素促使美国成为一个移民国家？美国本土人口迁移的方向及影响因素是什么？从自然和社会经济两方面分析，为什么美国很多老年人退休后向南方"阳光地带"迁移？最后让学生从自然、社会经济和政治等角度总结归纳：影响人口迁移的因素，教师补充。

3.课程标准：说出环境承载力与人口合理容量的区别

（1）标准解析。

①知识和技能目标。

A.理解环境承载力、环境人口容量、人口合理容量的概念。

B.区别环境承载力与人口合理容量。

C.分析影响人口合理容量的因素及其不确定性和相对确定性。

D.了解世界和我国的合理人口容量。

②过程与方法目标。

A.首先通过案例分析，从环境人口容量的影响因素入手，分析环境承载力、环境人口容量、人口合理容量的不同，再从定义上区别。

B.对于影响人口合理容量因素的分析，知识结构采用层层深入的分析方法，从地球能养活多少人，到地球最多能养活多少人，再到地球能养活好多少人，这样有利于全面分析影响因素及深入理解环境人口容量的确定性和不确定性。

③情感、态度和价值观目标。

理解人口与环境的相互关系，树立正确的人口观。

（2）教学设计。

①学习主题一：地球最多能养活多少人。

引入新课：展示《苦难的母亲》漫画，说明人口增长与地球压力的关系，引导学生思考地球上人口能否无限增长。

运用某一地区不同时期人口增长量的背景材料，提出问题，以案例分析的形式，理解环境承载力、环境人口容量、人口合理容量的概念和含义，分析影响人口合理容量的因素。

阅读课文，思考以下问题：什么是环境人口容量？环境人口容量主要由哪些因素决定？什么是人口的合理容量？环境人口容量与人口的合理容量有什么区别？

教师从定义上区别环境承载力、环境人口容量、人口合理容量等概念，就人口规模而言，环境承载力指该地区的资源环境为维持生存必需的最低生活标准所能承受的最大人口数量，即人口数量的极限。

②学习主题二：地球上适合养活多少人。

阅读课本，理解对环境人口容量估计的三种不同观点，思考：它们的观点是什么？依据是什么？理解人口合理容量的概念。

让学生列表区别环境人口容量和环境人口合理容量的含义：前者是地球最大承受量，后者是地球最适宜的承受量。

再运用案例，理解要用发展观点看待人口合理容量，人口合理容量与资源数量、科技发展水平成正相关，与资源消费量成负相关。

提问：我国的环境人口容量和人口合理容量分别是多少？我国目前人口数量是多少？我国目前人口发展存在什么问题，会带来哪些不利影响？

师生总结：一个地区或国家经济要发展，要保持人口的合理容量，保持人口资源和环境问题和谐发展途径，要走可持续发展的道路。

（二）第二单元：城市与城市化

1. 课程标准：运用实例，分析城市的空间结构，解释其形成的原因

举例说明地域文化对人口或城市的影响。

（1）标准解析。

①知识和技能目标。

A. 知道几种常见的城市形态，理解城市外部形态特点与地理环境的关系。

B. 理解城市土地利用方式与城市地域功能分区、城市地域结构之间的关系。

C. 掌握影响城市地域结构的主要因素。运用实例解释城市的空间结构形成的原因。

D. 用变化、发展的观点看待城市的发展及其地域结构的变化。

②过程和方法目标。

A. 能运用城市地图，辨析其空间形态类型（集中式：团块状、条带状；分散式：组团状）。

B. 能以某个具体城市为例，运用地图，分析其空间形态与地形、河流和交通线等因素的关系，理解其城市空间形态的形成原因。

C. 能以某个具体城市为例，说出该城市的土地利用类型（商业用地、工业用地、政府机关用地、住宅用地、休憩及绿化用地、交通用地和农业用地），分析其功能分区的结构及各个功能分区的分布和土地利用方式的特点。

D. 能说出地租与交通便捷程度和距离市中心远近的关系，并根据各类土地利用方式在城市不同位置的付租能力说明城市功能分区形成的原因。

E. 能以某个具体城市为例，说明城市内部空间结构是发展和变化着的。

F. 掌握运用城市地图进行城市形态和城市空间结构分析的方法，形成初步的地理思想。

G. 能举例说明不同地域文化对城市景观和城市地域结构的影响。

③情感、态度和价值观目标。

调动学生思维，联系实例，培养学生积极思考问题的能力，渗透素质教育。

（2）教学设计。

①学习主题一：城市形态。

引入：展示几幅具体城市外部形态的图片，让学生初步了解城市几何形态，如展示洛阳、北京和莫斯科城市地图，引导学生分析三个城市的城市形态，然后重点引导学生就北京和莫斯科两个城市形态的形成与两地地域文化之间的关系进行讨论。

师生总结。

②学习主题二：城市土地利用和功能分区。

展示"某城市土地利用规划图"，引导学生分析该城市的土地利用方式有哪些类型；在各种土地利用方式的类型中，人类主要从事哪些生产生活活动。

再展示"北京市的不同功能分区图"，引导学生思考：图中所示的功能分区分别以哪种功能为主？ A. 占地面积最大的是哪类功能区？ B. 从居住的环境需求来看，居住区的环境应该具有什么样的特征？ C. 经济活动最频繁的是哪类功能区？D. 集聚性强的是哪类功能区？ E. 商业区的基本形态如何？从商业活动需要接近消费者的角度考虑，商业区应该位于城市的什么位置？ F. 从工业生产的运输需求来看，工业区应该位于城市的什么位置？

引导学生通过分析城市各部分土地利用方式的不同之处，归纳各功能区的结构和分布特点，并讨论商业区、住宅区、工业区区位形成的条件。

师生总结。

③学习主题三：城市内部空间结构的形成和变化。

展示自己所在城市的土地利用图，分析并介绍城市地域结构的概念。再继续读图思考：假设你有一笔钱（数额不大），想在本市做服装销售生意，有三个不同位置、不同租金的店铺可租赁，你会选择哪个？为什么？

引导学生分析影响功能分区的主导因素——经济因素、土地租金，以及影响土地租金的要素——交通通达性和距市中心的距离。师生共同总结归纳影响城市功能分区的主要因素：经济因素。再运用具体案例分析其他因素。如展示"北京市地图"，思考：天安门广场是北京市中心，却没有高楼大厦，为什么？分析历史因素。展示"上海城市功能分区及浦东新区开发规划图"，分析上海市在开发浦东新区时，为什么要把金融贸易区规划在陆家嘴。

展示"某市不同时期的城市发展图"，引导学生讨论，在不同时期该市的各功能分区发生了怎样的变化。

2.课程标准：联系城市地域的有关理论，说明不同规模城市关于服务功能的差异

（1）标准解析。

①知识和技能目标。

A.了解我国城市等级划分的标准。

B.理解城市服务范围的概念。了解城市等级及地域结构不同，提供的服务种类和服务范围不同。

C.联系地域结构的有关理论（中心地理论），说明不同规模城市在服务功能上的差异。

D.了解不同等级服务范围的嵌套理论，理解城市服务范围与地理环境的关系。

E.理解某一区域内，不同等级城市的空间分布的关系。

②过程与方法目标。

A.联系本地区和本省会城市，学习城市等级的划分。

B.运用案例，联系所在城市，学会分析地理图表资料的方法，说明不同规模城市在服务功能上的差异。

C.运用课本案例2和本城市进行对比分析，理解城市服务范围与地理环境的关系。

D.运用"六边形服务范围嵌套图"和某地区具体城市的分布对应，分析不同等级服务范围的嵌套理论。

③情感、态度与价值观目标。

树立人工环境和自然环境相协调和建设发展生态城市的观念。

（2）教学设计。

阅读课本"我国城市的等级划分"的内容，联想本市和本省会城市分别是哪种等级的城市。

引证城市的发展与地理位置的关系，利用课本案例，思考上海为什么可以成为我国第一大港口和第一大规模的城市，得出其发展成高级别城市的有利条件：优越位置、丰富资源和便捷的交通。还可以联系本市对比分析。

学习主题：德国南部城市等级体系的启示。

以"德国南部及其周围的城市体系"为案例，分析城市的等级与空间分布的关系。通过

阅读课本得出结论：等级较高城市，数目少，相距较远；等级较低城市，数目较多，相距较近；不同等级的城市服务范围是层层嵌套的。

引导学生阅读课本，分析城市六边形服务范围的形成（中心地理论）。

①低级城市的服务范围被高一级城市的服务范围所包含。

②相同等级的城市的服务范围是彼此独立和排斥的。

③各级城市的数量分布特点是呈金字塔形。

④六边形面积的定量关系：高一级城市服务范围是低一级城市服务范围的 3 倍。

⑤由于地形、人口密度和交通等条件的影响，不存在完全呈正六边形分布的服务范围，但六边形的嵌套规律客观存在。应用例子：区域规划、城市建设、商业网点的布局。

巩固练习。分析课本"荷兰淤田居民点设置规划图"，进一步引证上述理论。读"荷兰淤田居民点设置图"，思考：①图中淤田上的居民点体系由几级居民点组成？各级别的居民点分别有多少个？居民点的级别和个数之间的关系是什么？②C 级居民点设置的商业职能最少的理由是什么？③B 级居民点等级高于 C 级居民点的理由是什么？④A 级居民点位置选择的理由是什么？

3. 课程标准：运用有关资料，概括城市化的过程和特点；解释城市化对地理环境的影响

（1）标准解析。

①本标准所包含的知识和技能目标。

A. 理解城市化的主要概念及其主要标志。

B. 了解引起人口向城市迁移的动力。理解推动城市化发展的推力和拉力。

C. 理解城市化的意义。

D. 能够运用相关资料，概括城市化的过程及其在各阶段的主要特点。

E. 理解城市化对地理环境的影响。

F. 了解生态城市的建设与发展。

②过程和方法目标。

A. 运用案例理解城市化的概念，或从学生的身边实例入手，引导学生明确城市化就在身边。

B. 运用案例读图分析的方法，理解推动城市化发展的推力和拉力、城市化的意义及城市化的过程和特点。再进一步巩固练习。

C. 收集一些有关本市或其他地区环境污染的图片，或课下让学生收集本地区（本市）主要环境问题的图文，课上展示交流，加深对环境污染的理解。

D. 运用案例或联系本市城市发展，树立发展生态城市的观念。

③情感、态度和价值观目标。

通过对城市环境污染的学习，使学生初步形成环境保护的观念，树立城市发展应走建设生态城市之路的思想。

（2）教学设计。

①学习主题一：什么是城市化。

引入：从身边实例入手，收集并展示你所在城市不同年代的图片，让学生从感性上理解城市化，引导学生了解城市化就在身边。

展示课本"伦敦的城市扩展图"，归纳城市化的三个标志。

读"城市化进程示意图"，思考：A.世界各国城市化进程可表示为什么形曲线？（S形。）B.三个阶段的城市化水平约是多少？城市化发展速度有何差异？ C.各阶段城市化差异的出现与社会经济的发展有何关系？ D.请分析城市化进程中不同发展阶段出现了什么特点和问题。再让学生列表归纳城市化的发展速度、常见的问题。

②学习主题二：世界城市化进程。

读"世界城市化水平的提高图"，完成课本读图思考题。让学生从所处阶段、快速发展时间、目前速度、城市化水平、城市化特点五方面归纳分析。

（三）第三单元：农业地域的形成与发展

1.课程标准：结合事例分析影响农业生产的区位因素

（1）标准解析。

①知识和技能目标。

A.掌握农业区位的概念。

B.理解农业区位因素中自然因素和社会经济因素如何影响农业生产。

C.理解社会经济因素的变化对农业区位因素的影响。

D.了解农业地域的形成条件。

E.结合所学知识，判断本地农业地域类型，并分析其形成条件。

②过程和方法目标。

A.结合实例理解农业区的概念。

B.结合实例分析影响农业区位的两大类因素：自然因素和社会经济因素。

C.以课本案例或以家乡的农业地域类型（水稻种植业、商品谷物农业）为例，分析农业地域类型特点及形成条件。联系生产、生活实际，学生更容易加深对课本内容的理解。

D.以课本案例（地中海地区农业变迁）或结合家乡农业生产地域类型的变化，说明随着社会的发展和科技的进步，社会经济因素的变化对农业区位因素的影响。

③情感、态度和价值观目标。

A.树立人与自然和谐的科学发展观，学会用变化发展的观念看问题。

B.通过对家乡农业地域类型的分析，增强"爱我家乡，建设家乡"的乡土情感。

（2）教学设计。

①学习主题一：农业区位的选择。

展示"三江平原的小麦种植业和青藏高原畜牧业分布图",理解农业区位概念的两层含义。

结合课本的活动,从图文分析影响水稻种植业和"千烟洲"立体农业的主要因素;或以某一平面规划图为案例,分析某城镇在其周围A、B、C、D四处如何发展棉花、水果、蔬菜和乳畜业生产(见练习)。进而让学生归纳影响农业区位的因素,有自然因素:地形、气候、土壤、水源;社会经济因素:市场、交通、科技劳动力、政策等。让学生学会从图文提取有效信息,学会从自然和社会经济因素分析影响农业区位因素的方法。

探究活动:调查家乡改革开放以来农业生产类型的变化,分析其变化的主要原因。或思考:改革开放以来,我国亚热带沿海地区一些耕地经历了"水稻田—甘蔗地—鱼塘—花卉棚"的农业景观变迁,引起变化的主要原因是什么?或以课本案例为例,分析环地中海地区的农业变迁及引起变迁的区位因素是什么。(对自然条件水的因素的改造,社会经济因素中交通和市场、技术等因素发生了变化。交通运输业的革命性变化及欧洲工业化、城市化的发展和保鲜技术的发展使时鲜业的市场范围和市场需求变大,促使时鲜业实现区域专业化。)

②学习主题二:农业地域类型的形成。

读"世界混合农业分布图",结合课本案例和"澳大利亚小麦-牧羊带的形成和分布图"。回答:世界混合农业主要分布在哪些大洲?澳大利亚混合农业主要分布在国土的哪两个部分?墨累-达令盆地混合农业生产的突出特点、限制因素及采取的相应措施是什么?墨累-达令盆地这种混合农业在我国是否可以推广,为什么?

2. 课程标准:分析及说明以种植业为主的农业地域类型特点及形成条件

(1)标准解析。

①知识和技能目标。

A. 理解亚洲水稻种植业的分布、特点及形成条件。

B. 理解商品谷物农业的分布和基本特征。

C. 分析美国商品谷物农业的区位优势条件。

②过程和方法目标。

A. 充分运用"世界水稻种植业分布图"和课本图3.10,分析亚洲水稻种植业的分布地区及区位优势。

B. 联想本地区水稻种植业的生产过程,分析其生产特点。

C. 充分运用"世界商品谷物农业分布图"、课本第50页案例及"美国农业带分布图",分析世界商品谷物农业分布的主要国家及美国商品谷物农业的区位优势。

D. 展示机械化大生产的一些图片,并联想我国东北地区农业机械化的生产过程,让学生分析商品谷物农业的生产特点。

③情感、态度和价值观目标。

树立因地制宜的农业发展观,关注我国农业发展的现状和趋势,增强热爱祖国、热爱家乡的情感,树立科技兴农意识。

（2）教学设计。

学习主题一：水稻种植业特点及形成条件。

学习主题二：商品谷物农业的基本特征。

学习思路：通过学习以下几方面来掌握各地域类型的特点，即分布地区、区位优势（形成条件）、生产特点、存在问题及措施，学习每个类型时侧重点不同。

学习方法：以练代替讲，列表对比、归纳，进行案例分析。

展示"世界农业地域类型分布图"，找出水稻的主要分布地区及主要国家；同时找出世界商品谷物农业分布的主要国家。结合"世界气候类型分布图"，分析水稻种植业共有的气候特征及气候类型是什么。归纳商品谷物农业共有的气候特征。

展示水稻种植业和商品谷物农业不同的景观图片，让学生对比归纳、分析季风区水稻种植业和商品谷物农业的生产特点。可从农产品种类、经营方式、生产规模、机械化程度、商品率等方面进行归纳，进而分析最基本的特点是什么（人多地少，生产规模小；生产规模大，机械化程度高）、产生差异的根本原因是什么（社会经济发展水平的差异）。还可以联想本地区水稻种植业的生产过程，分析其生产特点。注意分析各特点之间的因果关系，找出优缺点。从而分析我国水稻种植业生产存在的问题（缺点）及措施（针对问题找措施），措施是发展科技，培育良种，建设水利工程，扩大规模，实行小型机械化生产。

知识拓展：美国商品谷物农业存在的弊端是什么？

学习两地区的区位优势时，运用课本"亚洲水稻种植业的形成和分布图"，结合"温带、亚热带、热带季风气候气温和降水柱状图"，从自然和社会经济两方面分析亚洲水稻种植业的区位优势。运用"美国商品谷物农业分布图"，用同样的方法分析其区位优势。进一步从气候类型、劳动力条件、交通条件、土地资源状况、社会经济水平等方面对二者进行对比分析，找出存在的差异。

探究练习：给出东北平原相关的图文资料，分析其成为商品粮基地的区位优势（自然条件：地形、气候、河流、土壤；社会经济因素：人均耕地多，粮食商品率高等）。

3. 课程标准：分析及说明以畜牧业为主的农业地域类型特点及形成条件

（1）标准解析。

①知识和技能目标。

A. 了解大牧场放牧业、乳畜业的分布特点。

B. 理解大牧场放牧业和乳畜业地域类型形成的区位、特点及进一步发展措施。

②过程和方法目标。

A. 利用"世界农业地域类型图"了解大牧场放牧业和乳畜业的主要分布地区，结合世界气候类型分布图，掌握两种农业地域类型区位的气候条件。

B. 关于大牧场放牧业的区位条件，充分运用课本的案例——潘帕斯草原的大牧场放牧业，分析其区位优势条件。了解其为促进大牧场放牧业发展所采取的措施；结合我国内蒙古地区的畜牧业发展现状，探讨有哪些经验值得借鉴。

C. 了解乳畜业的概念，通过分析西欧乳畜业形成的区位条件和生产特点，掌握影响乳畜业的主要区位因素及生产特点。

③情感、态度和价值观目标。

A. 进一步加强人与自然和谐发展的科学观。

B. 树立客观和辩证地看待地理事物的观念。

（2）教学设计。

首先放一段阿根廷大牧场放牧业的生产过程的视频，引入新课教学。

展示一些乳畜业和大牧场放牧业产品的图片，让学生分析它们分别属于哪种农业地域类型。

利用"世界农业地域类型图"了解大牧场放牧业（美国、澳大利亚、新西兰、阿根廷、南非等国）和乳畜业（西欧、北美、澳大利亚、新西兰）的主要分布地区，结合"世界气候类型分布图"，分析两种农业地域类型区位的气候条件（气候温暖，草类茂盛；气候温凉、潮湿，适宜多汁牧草生长）。充分运用课本的案例——潘帕斯草原的大牧场放牧业，分析其区位优势条件和生产特点（生产规模大，专业化程度高）。了解其为促进大牧场放牧业的发展所采取的措施；结合我国内蒙古地区的畜牧业发展现状，分析有哪些经验值得借鉴。

了解乳畜业的概念，通过分析乳产品不耐储存、运输不便的特点，归纳其区位选择在大城市周围（市场、交通条件），结合其生产特点（商品率高、机械化程度高、集约化程度高、多分布在大城市周围）和"西欧地形、气候分布图""降水、气温柱状图"，分析乳畜业形成的自然条件（气候温凉、潮湿，适宜多汁牧草生长），分析其经济发展状况，理解其发展的社会经济条件（城市化水平高，对乳畜产品需求量大，符合西欧人的饮食习惯）。

（四）第四单元：工业地域的形成与发展

1. 课程标准：分析工业区位因素

（1）标准解析。

①知识和技能目标。

A. 了解工业区位选择的基本原理，知道影响工业区位选择的主要因素。

B. 理解工业区位选择的主导因素及五种工业的导向类型。

C. 理解工业区位的发展变化对工业区位选择的影响。

D. 懂得社会因素、环境因素对工业区位选择的影响。

E. 结合实例说明工业生产活动对地理环境的影响。

②过程和方法目标。

A. 阅读"工业生产的一般过程图"和"工业的主要区位因素图"，认识工业区位选择的基本原理及因素。

B. 读"中国制糖分布图""中国饮料制造业分布图""加拿大炼铝业分布图"等，分析五种工业的导向类型。

C.分析"鞍钢与宝钢的区位选择"案例，了解工业区位因素的变化及其对工业区位选择的影响。

D.联系实际，认识社会因素对工业区位选择的影响。

E.读"污染严重工业的区位选择图"，结合本地有污染工业企业实例，或"上海宝钢及金山石化总厂分布图"，分析有污染企业区位选择的基本原则。

F.探究活动：分组在网上查找资料或实地考察，分析影响本地区一些主要工业企业的主导区位因素。分析调查结果，在课上进行交流。

G.借助网络，可充分利用各种图片，使学生理解工业区位要因时、因地、因工业部门而宜。展示不同国家和地区工业的扩散方向、工业发展政策的变化，拓展知识，加深对工业区位选择知识的理解和掌握。

③情感、态度和价值观目标。

A.通过环境需要对工业区位选择影响的案例分析，懂得人类生产活动和地理环境的关系密不可分，从而树立科学的人地观，培养学生环境保护的理念。

B.通过对当地工业区位优势的分析，培养学生热爱家乡的情感。

C.工业生产对资源、能源的利用，生产的需求与有限资源、能源之间的矛盾对地球环境的影响。

D.理解资源、能源的不合理利用对环境造成的影响。

E.工业生产活动本身对地理景观的影响。

（2）教学设计。

①学习主题一：主要的工业区位因素。

让学生读"工业生产的一般过程"和"工业的主要区位因素图"，分析回答：工业生产投入的因素中自然因素和社会经济因素（含科技因素）分别指什么？从而让学生学会分析影响工业区位因素的方法。

从经济利益考虑：选择哪里建企业能降低成本。

展示"中国制糖分布图""中国饮料制造业分布图""加拿大炼铝业分布图"等，引导学生分析影响工业区位的主导因素，让学生归纳并填表：五种工业导向类型的典型工业部门、主要特征和主要区位因素。

②学习主题二：工业区位的选择。

让学生读"鞍钢与宝钢的区位图"，从位置、兴建时间、铁矿和能源来源、水源、市场、交通列表对比，并分析鞍钢与宝钢区位优势、不足及影响的主导因素，进而分析从鞍钢到宝钢区位变化的影响因素。

运用课本阅读资料或给出"一百多年来钢铁企业区位的三次变化图"及"每冶炼1吨钢所需的煤、铁矿石数量的变化"资料，让学生分析钢铁区位发生了怎样的变化，引起变化的主要因素是什么。

读"污染严重工业的区位选择图",让学生分析有大气污染的工厂、有水污染的工厂、有固体废弃物污染的工厂的区位选择的原则。选择以某一城市规划图或"上海宝钢及金山石化总厂分布图"为例,对学生进行巩固训练。

探究活动:分组在网上查找资料,或实地考察,分析影响本地区一些主要工业企业的主导区位因素。分析调查结果,并在课上进行交流。

2. 课程标准:举例说明工业地域的形成条件与发展特点

(1)标准解析。

①知识和技能目标。

A. 了解工业联系的主要类型及工业集聚的优势。

B. 了解工业地域的主要类型及形成的主要原因。

C. 理解工业分散现象产生的原因及工业地域联系的主要形式。

②过程和方法目标。

A. 结合本地工业类型,举例分析工业联系的主要类型。

B. 运用课本"珠江三角洲音响生产"案例活动,或结合当地的工业发展案例,分析工业联系集聚的优势。

C. 运用课本"福特汽车全球化生产网络图",或结合本地工业发展案例,分析工业分散现象产生的原因,并进一步探究工业分散的优势及其产生的结果。

探究活动:重视对地理问题的探究。学生分组调查本地工业园区有何工业企业、它们之间的联系如何,该工业地域形成条件、存在问题、发展方向是什么。

③情感、态度和价值观目标。

通过探究活动,满足学生探索自然奥秘、认识社会生活环境等不同学习需要。在整个活动中,倡导学生合作学习,学会与人交往,培养团队合作精神。

(2)教学设计。

①学习主题一:工业集聚与工业地域。

让学生结合本地工业类型举例说明什么是工业联系,或展示"布的生产过程图"及"汽车厂生产过程图",从实例中概括出工业联系的类型,进一步分析工业联系导致两种结果:工业集聚和工业分散。运用课本上的"珠江三角洲音响生产"案例活动(或结合当地的工业发展案例),引导学生回答:音响生产需要哪些部门相互协作?音响生产厂家之间的距离如何?大部分零部件来自何处?进而分析音响生产厂家工业集聚的优势是什么。

巩固练习:我国珠三角和苏南等地的纺织业出现"产业集群化现象",纺织业在这些地区表现出旺盛的活力的原因是什么?

思考:世界上有很多"钢城""汽车城",但很少听说有"糕点城""糖果城",这是什么原因?分析工业联系导致工业集聚,从而形成工业城市。

②学习主题二:工业分散与工业地域联系。

运用课本"福特汽车全球化生产网络图",让学生回答:福特汽车在全球寻找最佳合作伙伴,最优区位的原则是什么?目的是什么?本地区是否有这样的企业?试分析产生这种工业分散的原因是什么。

列表归纳对比:传统工业区和新工业区集聚的原因、结果和主要工业部门或工业地域;总结工业集聚和工业分散的优势。

探究活动:学生分组调查本地工业园区有何工业企业,它们之间的联系如何;该工业地域形成的条件是什么,存在什么问题,发展方向是什么。

3. 课程标准:分析工业区位因素,举例说明工业地域的形成条件与发展特点;结合实例说明工业生产活动对地理环境的影响

（1）标准解析。

①知识和技能目标。

A. 理解传统工业区、新工业区形成的特点和发展条件。

B. 理解鲁尔区衰落的主要原因及整治措施。

C. 通过理解鲁尔区工业改造的过程,认识工业生产活动本身对地理环境的影响。

D. 学会通过提取有效图文信息来分析区位优势的方法,提高学生分析问题和解决问题的能力。

②过程和方法目标。

A. 阅读"世界主要煤炭、铁矿资源分布图",了解著名传统工业区（英国中部工业区、德国鲁尔区、美国东北部工业区、辽中南地区）的具体分布,进一步分析传统工业地域的形成条件和发展特点。

B. 运用"鲁尔工业区分布图",分析其发展的区位优势及主要工业部门,进而分析其存在问题,并针对问题提出整治措施。

C. 利用课本活动,通过对比分析我国辽中南传统工业区和鲁尔区,提出振兴东北老工业区措施,使学生学会知识迁移。

D. 读"意大利新工业区分布图",了解意大利新工业的分布情况,说明其工业地域形成的条件及发展特点。

E. 读"美国硅谷图",说明其工业地域形成的区位优势,联想熟悉的高技术产品（如手机等）,理解其发展的特点。

F. 北京的中关村是全国知名的高技术产业区,收集有关图文资料,了解其产业结构,与美国硅谷对比,分析其区位优势与不足。

探究活动:联系本地实际,收集图文资料,分析本地工业区形成的区位优势与发展方向。

③情感、态度和价值观目标。

A. 通过案例分析,使学生正确认识人地关系,形成可持续发展的观念,珍爱地球、善待环境。

B. 强化科学的区位观念，加强学生创新精神和实践能力的培养。

（2）教学设计。

①学习主题一：传统工业区。

让学生列出世界著名传统工业区（英国中部工业区、德国鲁尔区、美国东北部工业区、辽中南地区），展示"世界主要煤、铁矿资源分布图"，在此图上找到具体位置。分析它们在工业区位选择上有何共性，共同面临什么样的问题，为什么。

阅读课本案例和"辽中南工业区图"，分组讨论：鲁尔区的区位优势；鲁尔区衰落的原因；鲁尔区整治的措施；鲁尔区和辽中南老工业区共同的区位优势；如何借鉴鲁尔区的经验振兴辽中南老工业基地。

注意：运用"鲁尔工业区分布图"，分析其区位优势，注重从图中提取有效信息。将主要工业部门从区位优势中提取出来，即优势资源的开发。从传统工业存在的问题和第三次技术冲击等因素分析鲁尔区存在的问题，针对问题提出整治措施。注意推理事物之间的联系。利用课本第 67 页的活动图，分析辽中南传统工业区区位优势，并归纳其和鲁尔区共同的区位优势。通过辽中南老工业区和鲁尔区的对比分析，联系辽中南老工业区具体实际，提出振兴东北老工业区措施，达到知识迁移的目的。

②学习主题二：新工业区。

读"意大利新工业区分布图"（或以本地新工业区为案例），回答：新工业分布在什么地区；主要工业部门是哪些；生产特点是什么；发展条件有哪些。

阅读课本活动图文，列表对比温州乡镇企业专业商品产销基地与意大利工业小区发展的异同，并分析温州乡镇企业发展中竞争激烈的根源及解决的措施。

读课本的"美国硅谷"图文，思考：主要的工业部门是什么；"硅谷"发展的区位优势是什么；联想熟悉的高技术产品（如手机等），分析其发展的特点是什么。

探究活动：让学生收集有关北京中关村的图文资料，与美国硅谷对比分析其区位优势与不足；联系本地实际，收集图文资料，分析本地工业区形成的区位优势与发展方向。

4. 课程标准：举例说明产业活动中地域联系的重要性和主要方式

（1）标准解析。

①知识和技能目标。

A. 知道地域联系的主要方式和交通运输的主要方式。

B. 知道五种交通运输方式的优缺点，能根据所需选择合适的交通运输方式及线路。

C. 理解交通运输方式的变化与经济发展的相互关系。

D. 理解交通运输线、点组成的交通运输网及其布局的影响因素。

②过程和方法目标。

A. 运用一些图表或数据，了解五种交通运输方式，分析五种交通运输方式的特点，并且能够联系实际合理选择运输方式。

B. 通过阅读有关资料，能够分析影响交通运输布局的主要因素。

C. 能够运用所学的知识，联系实际说明交通运输和其他地域联系方式在生产活动中的作用。

D. 模拟设计某地区交通运输线路和站点的布局方案，简述设计理由。

③情感、态度和价值观目标。

A. 通过学习，更加深入理解交通运输在现实生活中的重要性和实用性。

B. 掌握科学的学习方法，培养严谨的学习态度，养成理论联系实际的学习习惯。

（2）教学设计。

①学习主题一：主要交通运输方式。

展示一些交通运输方式图片，了解五种交通运输方式及特点。列表让学生归纳五种交通运输方式的优缺点。课堂检测：有批货物需要运输，让学生选择合理的交通运输方式；或给出一条旅游线路，让学生设计乘车方式。

②学习主题二：交通运输布局。

以课本的南昆铁路为案例，从社会经济、科技、自然三方面分析影响交通运输布局的主要因素及意义。思考：影响南昆铁路布局的因素有哪些？决定性的因素是什么？修建南昆铁路的意义是什么？

巩固练习：给出某平原地区或有等高线地形图的山区图，设计公路选址方案，简述设计理由；或分析广州新火车站在钟村选址的理由。

5. 课程标准：结合实例，分析交通方式的变化对聚落空间形态和商业网点布局的影响

（1）标准解析。

①知识和技能目标。

A. 知道什么是聚落空间形态和商业网点。

B. 理解、分析交通运输方式的变化对聚落空间形态的影响。

C. 理解、分析交通运输布局的变化对商业网点的影响。

②过程和方法目标。

A. 通过运用课本案例或收集一些城市的形态随交通变化而变化的资料来分析交通运输方式对聚落空间形态的影响。

B. 通过展示"平原和山区的商业网点的分析图"，让学生对比山区和平原的交通运输方式对商业网点分布的影响。

探究活动：采用小组分工合作的方式调查本地大型超市、大型集市选址与交通运输的关系；上网查找资料，了解和分析湘桂铁路的建成以及近几年高速公路的贯通对梧州城镇发展的影响。

③情感、态度与价值观目标。

通过学习，使学生积极关注我国交通建设的进程，加强学生参与家乡建设的热情。

（2）教学设计。

①学习主题一：交通运输对聚落空间形态的影响。

首先举例说明什么是聚落和聚落空间形态。再以南、北方城市形态不同为例说明影响因素的不同。回顾影响城市形成及发展的区位因素，区分影响城市形成的区位因素和影响聚落空间形态的因素。

让学生阅读"株洲、日本筑波科学城、浙江嘉兴三个城市略图"，收集深圳、武汉两个城市近20年的相关规划资料，分析以上几个城市的空间形态、发展变化与交通运输条件的关系是什么。

②学习主题二：交通运输对商业网点的影响。

联系本地区实际说明什么是商业网点。再结合具体实例说明什么是商业中心（一是指商业中心城市，如上海、广州；二是指城市中的商业街、商业小区，可以以本地区为例）。

展示"平原和山区的商业网点的分析图"，思考：两幅图中交通运输方式有没有不同？图中居民点的分布与交通运输有何关系？两幅图中商业网点的空间分布有何差异？进而分析交通运输方式对商业网点密度及分布的影响。

让学生进行探究活动：采用小组分工合作的方式调查本地城市大型超市、农村大型集市的位置、规模与交通运输的关系。

商业网点的选址采用市场最优、交通最优的原则。

（五）第五单元：人类与地理环境的协调发展

1.课程标准：根据有关资料，归纳人类面临的主要环境问题；了解人地关系思想的历史演变；概述可持续发展的基本内涵，举例说明协调人地关系的主要途径

（1）标准解析。

①知识和技能目标。

A.了解不同历史时期人地关系的状况。

B.理解人类与环境关系的一般模式，归纳人类所面临的主要环境问题。

C.理解环境问题的本质及产生的主要原因，掌握其表现和分布特点。

D.明确可持续发展的概念、基本内涵和原则。

E.了解环境问题的本质是发展问题，即资源利用问题、环境问题和资源问题是密不可分的。

②方法和过程目标。

A.采用列表对比方法，归纳不同历史时期人地关系的状况。

B.利用人类与环境关系的一般模式图，分析人类与环境的相互关系。

C.运用案例（图文资料），归纳人类所面临的主要环境问题，分析其表现及产生的主要原因。

D.根据本地实际情况，走访调查本地区存在的主要环境问题，分析造成当地环境问题的主要原因，并尝试提出解决措施，写出可行性小论文，全班展示交流。

E.运用实例说明可持续发展的概念、基本内涵和原则。

F.举行"保护环境，从我做起"主题班会，制定本班爱护环境的守则。

③情感、态度和价值观目标。

A.认识环境问题的产生与我们每个人的日常行为规范、思想道德修养有直接关系，我们应从身边小事做起，切实做到保护环境。

B.逐步培养学生环保意识、全球意识和参与意识，使学生认识到自己在可持续发展过程中应该具备的态度、责任和行为准则，并用以指导自己的实际行为。

（2）教学设计。

①学习主题一：人地关系的历史回顾。

首先分析人类与环境相互关系的一般模式图，让学生分析、讨论人类与环境的相互联系、相互作用、相互影响，理解人类与环境对立和统一的关系，并画出关系模式图。

让学生阅读课文，采用分组讨论形式、列表对比的方法，归纳不同历史时期人地关系的特点。

②学习主题二：直面环境问题。

利用"世界人口增长图""开垦荒地引起的恶性循环图"和"污染的形成图"，说明环境问题产生的原因：当人类向环境索取资源的速度超过了资源本身及替代品的再生速度，就会产生生态破坏（水土流失、土地荒漠化、生物多样性减少、臭氧层破坏、全球升温）；当人类向环境排放废弃物的数量超过了环境的自净能力，就会污染环境（大气污染、水污染、固体废弃物污染、噪声污染、放射性污染）。再展示有关环境问题的图片加深理解。

归纳环境问题表现的地域差异：城市与农村、发展中国家和发达国家。利用课文让学生思考：发展中国家的环境问题为什么比发达国家严重?

③学习主题三：走向人地协调——可持续发展。

教师介绍"可持续发展"概念提出来的背景、被接纳和发展的过程。请学生阅读活动中的材料，引导学生谈谈自己对可持续发展的理解。举例让学生分析可持续发展的定义、概念和原则。可以联系生活中的行为和现象，分析是否符合可持续发展的理念。

巩固练习：教师给出一段材料，让学生分析是否体现可持续发展、为什么。

活动设计如下：

A.组织学生调查居住地的主要环境问题，撰写如何治理环境问题的小论文，同学相互展示、交流。

B.举行"保护环境，从我做起"主题班会，制定本班爱护环境的守则。

C.结合实际，鼓励学生与家人交流关于环境问题的看法，并参与宣传环境保护的活动，为改善本地环境做力所能及的事。

D.以"保护环境，从我做起"为题，出一期黑板报或手抄报。

2.课程标准：举例说明协调人地关系的主要途径；理解走可持续发展之路是人类的必然选择；认识在可持续发展过程中，个人应具备的态度、责任

（1）标准解析。

①知识和技能目标。

A.理解中国走可持续发展之路的必然性。

B.了解《中国21世纪议程》。

C.掌握走可持续发展之路的基本途径以及采取的措施，并结合实例分析。

D.认识在可持续发展过程中，个人应具备的态度和责任。

E.用变化、发展的观点看待中国的可持续发展之路。

②过程和方法目标。

A.运用一些表现中国国情的图表来分析中国要走可持续发展之路的必然性的原因，采用从远到近的思维方式，尽可能联系中国的国情（沉重的人口压力、严重的资源短缺、严峻的环境危机）、联系熟悉的生活实例进行学习。

B.充分阅读课本，让学生理解《中国21世纪议程》是指导中国如何走可持续发展道路的行动方案，通过了解让学生认识到我国实施可持续发展的行动方案是具体的、可操作的。指导学生结合我国国情，对这个战略提出自己的思路和见解。

C.指导学生列表比较传统经济和清洁生产的优劣，以印证"循环经济"是我国实施可持续发展战略的重要途径。

D.充分利用课本案例，由学生进行比较分析，理解工业实现可持续发展的基本途径是清洁生产，农业区划是实施生态农业。

E.密切联系学生的生活实例，理解实施可持续发展的途径是公众的支持和参与到可持续发展行动中去的重要意义。日常生活如何实施可持续发展（在日常生活中改变自己的日常行为，如节约学习用具、互不送纸质贺卡、不使用一次性筷子，等等）。

③情感、态度和价值观目标。

A.加强学生的爱国主义教育，使学生了解我国的国情，对以后的发展，更应走可持续发展道路。

B.了解公众在走可持续发展之路中应具备的态度、责任和行为准则。

（2）教学设计。

①学习主题一：可持续发展的含义。

引入新课：让学生理解"可持续发展"一词的含义，举例让学生理解何为可持续发展。

过渡：让学生思考，中国是否要走可持续发展的道路？为什么？

展示"中国人口每增加2亿人大约经历时间图"及人均土地占有量、人均矿产资源储量总值、人均耕地、人均河川年径流量、人均森林占有量的表格；"中国人均径流量与主要国家比较图""中国人均耕地随时间变化图""中国环境问题分布图"，让学生从图表中分析我国目前所面临的问题——沉重的人口压力、令人担忧的资源短缺、严峻的环境危机，使我

国面临着生存和发展的双重压力，所以中国必然要走可持续发展的道路。让学生自学课本内容，了解《中国21世纪议程》的内容，结合课本资料，让学生思考：《中国21世纪议程》的战略重点是什么？中国要走可持续发展的道路，在自然资源利用和环境保护方面应采取哪些具体行动？

②学习主题二：实施可持续发展的途径。

工业如何可持续发展？让学生阅读课文，理解循环经济、清洁生产的含义，总结中国工业实现循环经济的基本途径是清洁生产。指导学生运用课本知识，比较分析清洁生产和传统生产的末端治理的优劣，从而加深对清洁生产给环境和经济带来效益的理解。了解清洁生产是指生产全过程中废弃物排放最少的生产。

农业如何可持续发展？分析课本案例和"留民营村生态农业综合循环利用示意图"，理解农业要走可持续发展的道路是实施生态农业。思考：留民营村农业生产存在哪些问题？留民营村农业生产的可持续发展采取了哪些措施？让学生总结什么是生态农业及生态农业的特点。

A.农业资源得以再生。生态农业利用生态理论调整了农业结构，保护了农业资源，使资源得以再生，重复利用。

B.综合效益突出。生态农业科学地增加物质、技术的投入，提高了农业生态系统中物质能量的利用率，提高了经济效益、生态效益和社会效益。

C.实现了良性循环。生态农业可优化农业结构，使农、林、牧、副、渔合理发展，并可调节气候，减少灾害。

实际生活中如何实施可持续发展？

活动设计：以"生活中你能为地球做些什么"为题出一期墙报或黑板报，或结合课本活动，联系身边的生活实际，让学生谈谈可以为保护地球做哪些事。

①拒食野生动物。

②自带筷子，拒绝使用一次性木筷。

③拒绝购买以濒危物种为原料的中药材。

④拒绝使用珍贵木材用品。

⑤尽量双面使用每张纸。

⑥使用节水型用具，节约每一滴水。

⑦使用无磷洗衣粉。

⑧购买无氟冰箱，防止地球臭氧层被破坏。

⑨随手关灯，节约电能。

⑩拒绝过度包装。

⑪做绿色消费者，购买绿色环保的装饰材料或其他消耗品。

三、区域地理

（一）地理环境与区域发展

1. 地理环境对区域发展的影响

课程标准：

（1）了解区域的含义。

（2）课程标准：以两个不同区域为例，比较不同自然地理环境、人类活动的区域差异。

（3）课程标准：以某区域为例，比较不同发展阶段地理环境对人类生产和生活方式的影响。

2. 地理信息技术在区域地理环境研究中的应用

地理科学中诸多关于自然地理、人文地理的要素，如资源、环境、人口、经济等都可以应用地理信息技术进行研究分析。高中地理信息技术的学习内容主要包括遥感（RS）、地理信息系统（GIS）、全球定位系统（GPS）和数字地球四方面。要求学生熟悉遥感、地理信息系统、全球定位系统的主要功能和应用领域，也要了解数字地球的基本内容，并在此基础上，逐步掌握现代地理信息技术的基本理论和操作方法。高中地理信息技术的学习要点，主要是知道基本功能和实际应用，即在知识层面和功能层面上的入门，并不要求系统和深入地学习。学习重点可放在遥感知识和遥感图像的判读分析、地理信息系统知识和基本应用，全球定位系统知识和基本应用以及数字地球的概念性知识方面，切忌过深过难。在学习信息技术时，应与地理科学紧密地结合起来。[①]

课程标准：

（1）结合实例，了解遥感（RS）在资源普查、环境和灾害监测中的应用。

（2）举例说明全球定位系统（GPS）在定位导航中的应用。

（3）运用有关资料，了解地理信息系统（GIS）在城市管理中的功能。

（4）了解数字地球的含义。

（二）区域生态环境建设

课程标准：以某区域为例，分析该区域环境与发展问题出现的原因。

诸如水土流失、荒漠化等问题产生的原因，森林、湿地等开发利用存在的问题，了解其危害，讨论综合治理的措施、良好的生态环境是区域可持续发展的基本条件。但是在区域发展中会对其所在环境产生影响，从而破坏生态环境，认识和综合治理这些问题是区域可持续发展的保证。理解和把握本标准，要注意以下几点。

①本标准要求以某一个区域为实例，分析该区域存在的环境问题。所谓发展方面的问题，通常是由环境阻碍区域发展而表现出的问题；讨论该区域所处地理位置等对发展的影

---

① 广东省教育厅教研室编. 普通高中新课程地理教学与评价指导 [M]. 广州：广东教育出版社，2006.

响。各区域由于地理环境的差异，存在的环境问题也不尽相同，对区域发展的影响也就必然不同。资源开发利用所存在的问题，也由各区域资源分布而决定。

②本标准要求了解该区域存在的环境问题或资源开发利用中存在的问题有哪些危害。例如，荒漠化使土地的生产潜力衰退，生产力下降，也使草场质量下降。土地荒漠化造成细沙裸露地表，在我国北方，冬春季节降水稀少，遇到大风天气就可能形成沙尘暴，在大范围的区域内造成空气污浊，且这些细颗粒的沙尘还会严重污染空气、水体，从而影响人体健康等。

③本标准还要求了解针对该区域存在的环境问题，进行综合治理的方式、方法。环境治理的对象，是区域内所存在的环境问题，或因目前某些人类活动不当而可能产生的环境问题。不同的环境问题，须采用不同的治理方法，治理这些问题的方法不是单一的，须进行综合治理。除立法、加强法治外，还须因地制宜、科学治理。如导致水土流失和荒漠化的主要的人为原因是地表植被被破坏，其治理的主要措施应是设法恢复地表植被，如退耕还林、退耕还草等。

④一个区域所存在的环境与发展问题，常与土地、森林、水资源等开发利用中所存在的问题密切相关。如荒漠化的形成与发展就与不合理开发、利用土地和草场等有着内在的必然联系。因此，在教学中不要把荒漠化、森林资源的不合理开发利用等问题一个个孤立地分别讲述，应帮助学生通过分析区域存在的环境与发展问题和资源利用中不合理的问题，把造成环境问题的各方面的因素联系起来，这样才能发现产生环境和发展问题的症结，从而找到综合治理环境的有效对策。

教学时应用好教材中关于我国西北地区荒漠化的防治和亚马孙热带雨林的开发和保护的案例，再结合一些学生比较熟悉的其他案例开展教学。为了增强学生对区域环境与发展问题的感性认识，可按课标中"调查家乡一片荒废（或利用不合理）的土地，探讨这片土地荒废（或利用不合理）的原因。如果这片土地让你来规划开发，你将做何打算？为什么？""调查本地主要生态环境问题所产生的危害，以小组为单位讨论保护、治理措施"等问题，组织学生开展探究性学习（两个活动建议可任选一个，或把全班分为四组，各以其中的一个活动建议开展活动，然后进行交流）。也可组织、指导学生利用网络和地理信息技术了解我国森林资源、草场资源、湿地资源等的分布，并对我国开发、利用和保护这些资源的情况进行评价、探究。

（三）区域自然资源的综合开发、利用

课程标准：

（1）以某区域为例，分析该区域能源和矿产资源的合理开发与区域可持续发展的关系。

区域的发展受资源、环境、产业结构、社会经济文化等要素的影响，其中资源与环境是区域发展的基础，区域所拥有的自然条件和自然资源状况，影响着区域发展的方向；对自然条件的适度改造和对自然资源的合理利用更是影响着区域的可持续发展。课标要求学生能够分析如何合理开发区域资源以促进区域可持续发展，所以对本课标的把握，要注意以下几点。

①若干个能源资源或矿产资源丰富的区域，其资源构成是各不相同的。因此，在分析该

区域能源和矿产资源的合理开发与区域可持续发展的关系时，首先应分析该区域的能源资源和矿产资源的结构；其次，还应使学生明确能源资源和矿产资源在更新上的特点。能源资源包括水能等可更新资源和煤、石油、天然气等不可更新资源两大类，而矿产资源均是不可更新资源。可更新和不可更新资源的开发、利用和保护的措施也是各不相同的。

②在能源资源或矿产资源较为丰富的区域，其不同区域的地理环境也存在着很大的差异，对区域能源和矿产资源的开发及区域的可持续发展会有不同的影响。所以，在分析该区域能源和矿产资源的合理开发与区域可持续发展的关系时，还应分析该区域的地理环境特征。通过分析区域地理环境特征，说明该区域能源和矿产资源的开发和区域可持续发展的有利因素和制约条件。

③分析一个区域能源和矿产资源的合理开发与区域可持续发展的关系，要抓住以下几个要点：第一，该区域的背景条件——地理区位、能源资源或矿产资源的结构、地理环境状况；第二，该区域可持续发展的主要矛盾；第三，该区域可持续发展的主要策略。

④在落实本条标准时，不能就事论事地只讲某一区域能源或矿产资源的开发与可持续发展的关系，而应渗透分析、研究区域可持续发展的方法。

（2）以某流域为例，分析该流域开发的地理条件，了解该流域开发建设的基本内容，以及综合治理的对策、措施。

流域作为一个区域具有两个特性：特殊性和整体性。因此对流域的开发利用除要考虑河流的特殊性特点外，更要考虑河流的整体性特征。

由于各个流域的地理条件存在着很大的差异，因而其开发建设的基本内容和综合治理的对策措施也必然各不相同。但是，研究或规划流域开发的基本程序大致上是相同的。因此，本条标准的重点，并不是某一流域如何开发、建设的具体内容和综合治理的具体措施，而是指研究或规划流域的开发建设和综合治理的一般方法。本课标也可表述为：以某一流域为范例，初步了解研究或规划流域的开发建设和综合治理的一般方法。

研究或规划流域的开发建设和综合治理的一般过程和方法如下。

首先，要分析该流域发展的地理条件，包括流域位置、自然环境、自然资源等自然地理条件，人口、经济发展基础等人文地理条件；其次，在此基础上，进一步分析该流域各地理环境要素中，哪些是对发展有利的因素、哪些是制约的因素，并根据其发展的有利因素探寻该流域发展的方向，说出其发展的主要内容，同时根据其制约因素探寻其综合治理的对策。

在教学中我们除了要用好教材中的案例外，还应将本地河流的利用现状制成课件向学生展示，让学生分析其开发和治理是否符合该流域的特征。

（四）区域经济发展

课程标准：

（1）以某区域为例，分析该区域农业生产的条件、布局特点和问题，了解农业可持续发展的方法与途径。

农业生产深受自然地理条件的影响，一地农业生产的发展，与该地农业生产的条件——土地资源、气候、水资源等密切相关。因此，本标准要求在分析该区域农业生产条件、布局特点和问题的基础上，了解该区域农业可持续发展的方法与途径。

不同区域各有自己的农业布局方式。农业布局是否合理，对农业发展会产生巨大的影响。某些地区受当地传统生产和生活习惯的影响，农业布局不一定合理。某些地区，受布局和传统农业生产方式的影响，或者工业化和城市经济的发展，也会产生各种影响农业发展的问题。所以，只有在深入分析区域农业生产的条件、布局特点和问题的基础上，才能探寻区域农业可持续发展的方法和途径，从而树立人地和谐发展的观念。

结合本课标可以开展课外拓展活动，4人一组，调查家乡的一片土地，探究这片土地的利用状况。讨论：如果让你来利用这片土地，你将如何使其可持续发展？

（2）以某经济发达区域为例，分析该区域工业化和城市化的推进过程，以及在此过程中产生的主要问题，了解解决这些问题的对策措施。

对于本课标，要求学生能够分析区域经济发展与工业化、城市化的关系，以及城市化过程中产生的问题，提出解决问题的对策措施。具体可以围绕下面三方面展开教学。

①城市化过程与第二、三产业的发展紧密相关。城市化最显著的特点是城市人口数量的不断增加和城市数量的增加。城市人口数量增加的主要原因是第二、第三产业发展对劳动力的需求，农村人口向城市集中并向非农业活动转型。在此过程中，既包含着城市景观和城市地域推进等实体的变化过程，也包括城市经济、社会、技术变革在城市等级体系中的扩散并向乡村扩展，甚至包含城市文化、生活方式、价值观念等向乡村扩散等较为抽象的精神上的变化过程。

②地区经济发展水平越高，城市化水平也越高。一个国家的城市化水平受国土面积、人口数量、历史基础、自然资源、经济结构等诸多因素影响，但在所有因素中，城市化水平与经济发展水平之间的关系最为密切。

③城市化的发展过程中会产生某些问题，如环境问题、水资源供给问题、就业问题，等等。解决城市化过程中的各种问题，需要对症下药。

还应按照新课标所提出的活动建议"联系本地实际，讨论某工厂对地方经济的带动作用，以及所造成的环境污染，进而提出改进措施""结合学校所在地区的城镇建设实际，讨论城市化过程对于区域发展的推动作用，以及应当注意的问题""调查本地主要生态环境问题所产生的危害，以小组为单位讨论保护、治理措施"，组织、指导学生展开相关的社会调查，并在调查的基础上开展讨论；或根据学校教学实际，组织、指导学生开展相关的研究性学习。活动中要重视数据的收集和分析，特别是提出解决城市问题的各种措施对策时应该用数据说话。

（五）区际联系与区域协调发展

课程标准：举例说明产业转移和资源跨区域调配对区域地理环境的影响。

这条标准要求学生通过分析实例，认识产业的转移和资源的跨区域调配，对产业迁出区和移入区及对资源调出区和调入区地理环境的不同影响。教学中，应注意下面几点。

①发生产业转移，有多种原因。由于发达地区发展到一定程度后，会出现人口稠密、交通拥挤、资本过剩、污染严重、自然资源不足等一系列问题，从而使生产成本上升，外部经济效益逐渐变小；在这种情况下，发达地区便将资本、技术、劳动力等向本区域内其他落后地区扩散，以逐渐缩小地区差别，从而在区域内部达到平衡。要通过具体实例增加感性认识，加深对产业转移动因的理解。

②资源跨区域调配的产生，主要是由于自然资源分布的不均衡与社会资源分布的地域差异。目前，我国资源跨区域调配最显著的有两个例子：一是水资源的跨流域调配——南水北调，二是能源资源的跨区域调配——西气东输和西电东送。应充分运用这两个案例使学生认识为何需要资源跨区域调配，资源调配会产生影响。在这里，不仅要关注对资源调出区或调入区地理环境的影响，而且还应关注资源调配中所涉及的有关区域的影响。但要注意，这种影响既可能有不利的一面，也可能会产生积极的影响。

③本课标的重点并不是关注产业是如何转移或为什么要转移、资源是如何跨区域调配或为什么要这样调配的问题，而是产业转移和资源跨区域调配对区域地理环境的影响这个核心问题。这种影响，包括好的和不良的两方面，必须全面分析，引导学生辩证地看待事物。

为了能使学生更好地理解产业转移和资源跨区域调配对区域地理环境的影响，可以按课标的建议，指导、组织学生在收集资料的基础上，分为两个组，分别扮演南水北调"调出区"（或产业"迁出去"）居民与"调入区"（或产业"迁入区"）居民，开展一次模拟对话活动。在对话活动中的任何一方，要以自己的亲身感受（也就是要依据所收集到的有关资料，并结合自己的看法），既要讲到对环境可能产生的有利影响，也要讲到可能产生的不利影响；并简要地分析产生有利或不利影响的原因，还要谈及对所产生的不利影响应采取的对策（可以是一个小组内的几个同学分别谈一方面）。

第二节　高中地理选修课程教学案例

一、宇宙中的地球

（一）关于"宇宙"的课程标准的解读及活动建议

1. 标准解读

（1）简述"宇宙大爆炸假说"的主要观点。

（2）根据图表，概括恒星演化的主要阶段及其特点。

（3）举例说明人类探索宇宙的历程、意义。

（4）运用天球坐标系简图，确定主要恒星的位置。

2. 学生活动的建议

建议组织学生模仿科学家，来确定遥远恒星的距离。

（1）将空白纸对折，用米尺和笔自左端开始在纸上每隔 5cm 做一个标记，并标上 1～6 的号码，做一个时差测距尺。

（2）将铅笔垂直插在橡皮泥里，并放置在面前的书桌上，距离书桌边缘 15cm，然后将时差测距尺放在铅笔后面 15cm 的地方。

（3）将下巴靠在铅笔前的书桌边缘上并且闭上右眼，只用左眼注视着铅笔和它后面的测距尺。在不把测距尺前后挪动的情况下，左右调整测距尺的位置使铅笔正好挡住它上面的一个标记。

（4）不要移动头部，睁开右眼，闭上左眼。铅笔看起来会出现什么现象？在数据表上标示为 15cm 的地方记录下这个现象。

（5）完成第一次观测后，尝试把测距尺向后挪动 15cm，并重复（3）、（4）步骤，把观测到的现象记录在标示为 30cm 的一栏。

引导学生思考如下问题：

（1）视差偏移的数量在你每次挪动测距尺的时候发生什么变化？

（2）你发现这种变化有什么规律？

（3）天文学家是怎样利用这种规律来测量与遥远天体之间的距离的？

（二）"太阳系和地月系"的课程标准解读和学生活动建议

1. 标准解读

（1）了解太阳的圈层结构。

（2）运用图表等资料，结合模拟演示，说明太阳系的组成以及八大行星的基本特征。可以开展如下活动：

①结合"宇宙由物质组成的图"，理解天体的多样性。

②选择一种形式（如写一篇小短文、绘制一幅图，或者制作一段计算机动画等），向家人或同学讲解地球所处的宇宙环境。

③观察某种天文现象，并查阅有关资料，说出自己的观测结果及体会。

④运用比较的方法对比分析八大行星在运动特征和结构特征方面的异同。

（3）简述月球概况及其运动特征。

（4）分析月相图，说明月相变化规律，并解释月相变化与潮汐变化的关系。

2. 学生活动建议

这部分课标建议学生的活动形式有以下几种：绘制地图、课外观测、模拟实验、计算机学习、角色扮演等，充分体现了以激发学生学习兴趣为主要目的的指导思想。其中课外观测等项目由于时间和地点的问题，在教学过程中难以随课时同步进行，但是我们可以转换形式来模拟操作。

（三）"地球的演化"课程标准的解读和学生活动建议

1. 标准解读

（1）运用图表，说出地质年代的划分，以及不同地质年代的地壳运动、成矿规律和生物演化简史。

（2）简述板块构造学说的主要内容，并解释海陆分布及地表形态特征。

2. 活动建议

组织学生开展制作岩层剖面的立体模型。进行野外观察时，往往仅有一小部分的地层裸露出来，野外调查必须从地层剖面的岩石分布状态加以判断，如何利用你观察到的岩层来判断地质构造的整体结构呢？我们可以尝试制作地质构造的立体图形来对比分析问题，了解单一剖面与地质构造整体的关系，以培养我们对各种地层空间分布情况的辨析能力。

二、海洋地理

（一）"海洋和海岸带"的课程标准分析、教学建议

1. 标准解读

（1）观察海底地形图，运用海底扩张与板块构造学说的主要观点，解释海底地形的形

成和分布规律。

（2）运用图表等资料，归纳海水温度、盐度的分布规律。

（3）运用图表，分析海气如何相互作用及其对全球水、热平衡的影响。

（4）简述厄尔尼诺、拉尼娜现象及其对全球气候的影响。

（5）说明波浪、潮汐、洋流等海水运动形式的主要成因及其作用。

（6）运用地图及景观图片，概述海岸的主要类型和特点。

（7）列举海岸带开发利用的主要方式。

（8）运用资料，说明海平面变化对海岸带自然环境以及社会经济发展的重大影响。

2. 活动建议

（1）收集有关资料，写一篇关于海平面上升对沿海地带影响的小论文。

（2）围绕"厄尔尼诺现象的利与弊"的辩题，运用材料，开展辩论。

3. 教学建议

海洋和海岸带。

①观察"海底地形图"，运用海底扩张与板块构造学说的主要观点，解释海底地形的形成和分布规律。

②运用图表等资料，归纳海水温度、盐度的分布规律。

③运用图表，分析海气相互作用及其对全球水、热平衡的影响。

④简述厄尔尼诺、拉尼娜现象及其对全球气候的影响。

⑤说明波浪、潮汐、洋流等海水运动形式的主要成因及其作用。

⑥运用地图及景观图片，概述海岸的主要类型和特点。

⑦列举海岸带开发利用的主要方式。

⑧运用资料，说明海平面变化对海岸带自然环境以及社会经济发展的重大影响。

（二）"海洋开发"的课程标准解读、教学建议和评价方法

1. 标准解读

（1）说出海水资源、海洋化学资源、海底矿产资源开发利用的特点和现状。

（2）说出潮汐能、波浪能等的特点，以及海洋能的开发前景。

（3）运用资料，说明海洋生物资源开发利用中存在的问题及对策。

（4）举例说明开发利用海洋空间的重要性及其主要方式。

（5）简述海洋旅游业的现状及发展前景。

2. 活动建议

（1）沿海地区的学校，可调查本地海洋资源开发和保护的现状，并提出自己的看法和建议。

（2）观看介绍海洋的影像资料或参观海洋场馆，以"21世纪是海洋世纪"为主题，举办一场演讲会。

3. 教学建议

（1）说出海水资源、海洋化学资源、海底矿产资源开发利用的特点和现状。

（2）说出潮汐能、波浪能等的特点，以及海洋能的开发前景。

（3）运用资料，说明海洋生物资源开发利用中存在的问题及对策。

（4）举例说明开发、利用海洋空间的重要性及其主要方式。

（5）简述海洋旅游业的现状及发展前景。

（三）"海洋环境问题与保护"的课程标准解读、学生活动建议和教学建议

1. 标准解读

（1）分析风暴潮、海啸的成因，说出其危害及应对措施。

（2）运用资料，说出海洋主要污染物的来源及其对海洋环境产生的危害，简述保护海洋生态环境的主要对策。

2. 活动建议

收集资料，展示海洋空间开发的成果，并以诗歌、绘画、科幻小品等形式畅想未来的海洋空间开发。

3. 教学建议

（1）分析风暴潮、海啸的成因，说出其危害及应对措施。

（2）运用资料，说出海洋主要污染物的来源及其对海洋环境产生的危害，简述保护海洋生态环境的主要对策。

（四）"海洋权益"的课程标准解读、教学建议和学习评价

1. 标准解读

（1）区分内水、领海、毗连区、大陆架、专属经济区和公海等概念。

（2）根据有关资料，归纳我国海洋国情的基本特点，说明维护我国海洋权益的重要意义。

（3）举例说出建立和维护国际海洋秩序的重要性。

2. 活动建议

在广泛收集图片等资料的基础上，举办小型展览，展示海洋及海岛的自然风光、珍稀动物、风土人情等。

3. 教学建议

（1）区分内水、领海、毗连区、大陆架、专属经济区和公海等概念。

（2）根据有关资料，归纳我国海洋国情的基本特点，说明维护我国海洋权益的重要意义。

（3）举例说出建立和维护国际海洋秩序的重要性。

三、城乡规划

（一）教学目标

1. 知识和技能目标

①举例说明中外城市的形成和发展，归纳城市在不同发展阶段的主要特征。
②举例说明城市环境问题的成因与治理对策。

2. 过程与方法目标

①组织学生开展以"某城市化形成与发展及某城市化对生存环境的影响"为题的探究活动，从而激发学生学习兴趣，引导学生学会运用资料分析问题和解决问题的能力和方法。
②通过合作学习，培养学生的思维能力和交流合作的能力。

3. 情感、态度和价值观目标

通过探究活动，使学生深刻认识环境污染的严重性，初步树立环境保护的观念。

（二）教学重点

城市化过程中产生的问题。

（三）教学难点

保护和改善城市环境的主要措施。

（四）教学方法

采用任务驱动，合作探究式学习。

（五）教学环境和辅助工具

在多媒体教室运用自制 PowerPoint 课件、图片文字资料开展教学。

（六）教学过程

分组：让学生自由进行分组，以小组协作的形式完成任务。

任务驱动：布置任务，学生自由选题（表6-2）。

表6-2　分组和任务

分组	任务	供选择的具体内容	教学环节
第一组	本城市不同年代发展变化及原因	用地规模的变化： ①人口数量的变化； ②城市人口比重的变化； ③其他方面的变化	城市的形成和发展
第二组	本城市内部功能分区的变化及原因	①商业区的变化； ②工业区的变化； ③住宅区（房地产开发中心）的变化	城市在不同发展阶段的主要特征
第三组	不同年代城市化发展出现的问题及原因	①以某工厂为例，调查其污染情况； ②城市河流的污染程度，有何污染物？ ③本城市有何污染？	城市化过程中产生的问题
第四组	政府采取的相应的对策，对该城市今后发展的建议（设想）	①本市有何治污工程？ ②本市有污染的工厂和河流等如何治理？ ③你对本市将来的发展有何设想？	保护和改善城市环境的主要措施

资料来源：收集本城市不同时期地图，网上查阅，查找课本、书籍、报刊、期纸、图书资料，实地调查。

课上交流方式：图文资料投影，自制课件、小论文、城市规划模拟图等。

课下探究：略。

学生课上展示及具体要求：

①语言规范，字迹、条理清晰；

②找到问题的关键所在；

③每个小组要通力合作完成。

四、旅游地理

（一）旅游资源的类型与分布

课程标准：简述旅游资源的内涵，运用资料说明旅游资源的多样性

1. 标准解读

①知识和技能目标。

A. 了解旅游资源的内涵。

B. 分析旅游资源的特点。

②过程和方法目标。

A. 引导学生利用旅游活动的经验、体验和查找到的资料，分析与归纳旅游资源的内涵。

B. 通过图表、资料，分析与归纳旅游资源的特点。

③情感、态度和价值观目标。

培养学生正确的资源观。

2. 教学建议

本条课程标准的学习可以分为两大学习主题：

①旅游资源的内涵。

该主题相对应的教学建议是：教师可以引导学生从闲暇、经济条件、旅游动机等方面把握旅游活动的主体（旅游者），再从客观的自然或人文事物对旅游者的吸引力、是否能够被开发利用、是否能够产生经济和社会效益三方面来把握旅游资源的内涵。

②旅游资源的特点。

该主题相对应的教学建议是：教师可通过图表、资料、视频，采用分析与归纳的思维方式，引导学生从多样性、非凡性、可创造性和永续性方面来把握旅游资源的特点。

课程标准：比较自然旅游资源与人文旅游资源的区别

1. 标准解读

①知识和技能目标。

A. 掌握旅游资源的类型。

B. 掌握旅游资源的分布。

②过程和方法目标。

A. 通过各种图片、图像和图表，对比分析旅游资源的类型。

B. 运用地图，记忆旅游资源的分布情况。

③情感、态度和价值观目标。

培养学生分析与综合、创造性的地理思维能力和探索精神，帮助学生形成正确的人地观、环境意识。

2. 教学建议

本条课程标准的学习可以分为两大学习主题。

①旅游资源的类型。

该学习主题相对应的教学建议是：通过各种图片和图表，采用对比分析的思维方式，运用案例教学的形式，以自然和人文为切入点，引导学生从种类、功能、体量、变化景观、分布、表现形式、形成过程等方面来把握旅游资源的类型。

②旅游资源的分布。

该学习主题相对应的教学建议是：通过顺口溜、标志物、歌曲等形式记忆旅游资源的分布情况。

课程标准：在地图上指出我国的"世界文化与自然遗产"，举例说出其重要价值

1. 标准解读

①知识和技能目标。

A. 指出我国的"世界文化与自然遗产"在地图上的位置。

B. 说出我国各个"世界文化与自然遗产"的重要价值。

②过程和方法目标。

通过展示图片、背景材料，对比分析我国某"世界文化与自然遗产"的价值。

③情感、态度和价值观目标。

培养学生正确的环境意识和爱国情感。

2. 教学建议

本条课程标准的学习主题：我国的"世界文化与自然遗产"及其重要价值。

针对本主题的教学建议是：教师可结合学生已有的知识和学生的经验，通过展示图片、文字材料，采用对比分析的思维方式，以案例的形式，以多样性为切入点，引导学生从美学、科学、历史文化和经济方面来把握"世界文化与自然遗产"的价值，培养学生正确的环境意识和爱国情感。

完成练习册中的学习内容后，教师可布置课后思考活动题：当地有没有为发展旅游业而人工建造的旅游资源？如果有，请就其选题、区位选择、建设规模等谈谈你的看法。鼓励学生理论联系实际，走出校门，结合本地实际，对周边景观进行考察探究，并根据所学知识及考察结果对景区建设进行大胆评估及规划。[①]

（二）旅游资源的综合评价

课程标准：举例说明旅游景观的观赏方法

1. 标准解读

①知识和技能目标。

A. 了解旅游景观的审美特征。

B. 掌握旅游景观的观赏方法。

②过程和方法目标。

通过展示图片，分析旅游景观的审美特征，掌握旅游资源的观赏方法。

③情感、态度和价值观目标。

提高学生的审美意识和审美情趣。

2. 教学建议

本条课程标准的学习可以分为两大学习主题。

---

① 广东省教育厅教研室编. 普通高中新课程地理教学与评价指导 [M]. 广州：广东教育出版社，2006.

①旅游景观的审美特征。针对本学习主题的教学建议是：教师可通过各种图片、多媒体动画和资料或学生的旅游经验、感受，运用案例教学的形式，以美的感知、体验为切入点，引导学生从自然美和人工美两方面来把握旅游景观的审美特征。在进行"自然美"教学时，教师要注意结合自然条件中的地貌，引导学生从雄壮、秀丽、奇特、险峻、幽邃和旷远等方面来感知、体验形象美；要注意结合自然条件中的岩石、土壤、水体和植物，引导学生从色彩的不同和色彩的变化来感知、体验色彩美，特别是时间变化产生的色彩美；要注意结合美的内涵，引导学生从动与静的角度来感知、体验动态美；要注意引导学生从烟、雨、云、雾、晨曦和暮霭等方面来感知、体验朦胧美；要注意引导学生从视觉、听觉、嗅觉、味觉和触觉及组合来感知、体验感官综合美。在进行"人工美"教学时，教师要注意引导学生从园林、建筑、民俗风情、雕塑、人造景物和名人逸事、神话传说中感知、体验人工美。

②旅游景观的观赏方法。针对本学习主题的教学建议是：教师可通过各种图片、多媒体动画和资料或学生的旅游经验、体验，运用案例教学的形式，以和谐为切入点，引导学生从抓住景观特色、把握观赏时机、选择观赏位置、以情观景、领悟自然与人文的和谐等方面来把握旅游景观欣赏的方法。从主要景点及其分布和旅游路线、景观形成的原理和景观的价值等方面来全面了解景观，并抓住景观特色；从季节、时间、天气、特定时间的变化等方面来把握观赏时机；从距离、角度和俯仰等方面的变化造成景观的透视关系、纵深层次和视野范围的差别而产生的不同美感来把握最佳观赏时机；通过视觉、听觉、嗅觉、味觉和触觉等综合感受，运用联想法、心物交融法，移情于景，情景交融，达到悦形、怡情和审美境界；从人、自然地理环境、景观、建筑和民俗风情等方面来感知、领悟自然与人文的和谐，培养学生的人地和谐观，提高学生的审美情操和审美能力。

课程标准：运用资料，描述若干中外著名旅游景区的景观特点，并从地理角度说明其形成原因

1. 标准解读

①知识和技能目标。

A. 描述若干中外著名旅游景区的景观特点。

B. 分析若干中外著名旅游景区的形成原因。

②过程和方法目标。

通过各种资料和图表描述若干中外著名旅游景区的景观特点，分析若干中外著名旅游景区的成因。

③情感、态度和价值观目标。

培养学生正确的人地观和可持续发展的观念。

2. 教学建议

本条课程标准的学习可以分为两大学习主题。

①描述若干中外著名旅游景区的景观特点。此学习主题的教学建议是：教师要通过各种资料、图表或多媒体动画，以景区为切入点，引导学生从以下几方面来描述景区的景观特点：A.旅游资源是否丰富、多样；B.景观的主要类型以自然景观为主，还是以人文景观为主，自然景观以山林为主还是以水体为主，人文景观以历史文化为主还是以现代风貌为主，等等；C.景观有何地方特色和审美特色；D.景观品位的高低，是世界级、国家级，还是地方级。

②分析若干中外著名旅游景区的成因。本学习主题的教学建议是：景观特点的地理成因要考虑自然因素和人文因素。在此基础上，再引导学生从地质地貌、气象气候、水文、生物等自然因素和人口、经济、城乡聚落、文化、政治等人文因素来把握景观的地理成因。

课程标准：针对某一实例，评价旅游资源的开发条件

1. 标准解读

①知识和技能目标。

评价旅游资源的开发条件。

②过程和方法目标。

通过学生身边的实例，评价旅游资源的开发条件。

③情感、态度和价值观目标。

培养学生正确的人地观和可持续发展观念。

2. 教学建议

本条课程标准的学习主题：评价旅游资源的开发条件。本主题的教学建议是：教师可结合当地的实际情况和学生身边最熟悉的例子，以案例教学的形式，从对"旅游资源开发条件评价的基本内容"进行运用的角度着手，不用面面俱到。

单元练习：在完成练习册中的学习内容后，教师可布置课后研究性学习活动：评价当地的某一旅游资源。

（三）旅游规划与旅游活动设计

课程标准：分析旅游景区的基本要素以及它们的相互影响，初步学会对旅游景区的景点、交通和服务设施进行规划设计

1. 标准解读

①知识和技能目标。

A.分析旅游规划的主要内容及影响。

B.设计旅游规划的方法。

②过程和方法目标。

可采用观测、考察、调查等地理学习方法，初步学会对旅游景区的景点、交通和服务设施进行规划设计。

③情感、态度和价值观目标。

培养学生的可持续发展观念。

2. 教学建议

本条课程标准的学习可以分为两大学习主题。

①分析旅游规划的主要内容及影响。本主题的教学建议是：教师可利用学生前面学过的"旅游资源评价"的知识作为铺垫，以"旅游六要素"作为切入点，运用相关图示、案例来引导学生从旅游资源的浏览评价、交通条件、地区接待能力、当地的社会经济条件、旅游目的地发展需要的自然文化与社会经济条件等方面学习旅游规划的主要内容及它们之间的相互关系，并向学生阐明在旅游活动中，旅游主体不仅要关注自身目的的实现，而且要处理好与旅游客体及其背景环境的关系。

②设计旅游规划的方法。本主题的教学建议是：教师要引导学生从旅游开发条件分析和旅游开发总体规划两方面来掌握设计的方法。如旅游开发条件分析可从科学价值、历史文化价值、景观美学价值、环境生态价值等方面来引导学生对景观资源进行综合分析；从交通、社会经济因素等方面来引导学生对开发、利用现状进行分析；从旅游者、旅游动机、旅游者的决策行为等方面引导学生对旅游活动特点进行分析；从旅游资源、交通和社会因素等方面引导学生对开发潜力进行分析。旅游开发总体规划可从生态保护的角度引导学生尝试对如何保护景观进行系统规划；根据本地区景观资源特点和旅游活动行为特征，在游览线路、主要景点等方面引导学生对游赏系统进行规划；从不同等级的食宿、购物、交通、通信及娱乐活动设施在景区内的服务范围和分布来引导学生对服务系统进行规划。

课程标准：学会收集旅游信息，根据旅游资源状况，确定旅游点，选择合理的旅游路线

1. 标准解读

①知识和技能目标。

A. 确定旅游点，分析旅游点的旅游资源。

B. 设计旅游活动线路。

②过程和方法目标。

初步学会设计旅游路线。

③情感、态度和价值观目标。

培养学生的地理考察能力和创造能力。

2. 教学建议

本条课程标准的学习主题：设计旅游路线。本主题的教学建议是：教师可以把"旅游资源评价"的知识作为铺垫，引导学生通过计算机、文字资料、图表、各种新闻媒介、旅行社、导游手册等途径，搜集旅游地的资源、时空可达性、服务条件和费用等方面的旅游信息，对不同类型的旅游地、各种旅游路线和旅游方式进行分析比较，确定感兴趣的旅游目的

地，设计合理的旅游活动路线，并采取安全防范措施，确保旅游安全。在教学中，教师要注意引导学生从旅游动机、兴趣、闲暇、经济承受能力、沿途景点等方面来综合考虑，选择感兴趣的旅游目的地，设计合理的旅游路线。

课程标准：说明地形、气候、水文等条件与旅游安全的关系，以及应采取的安全防范措施

1. 标准解读

①知识和技能目标。

A. 分析影响旅游安全的因素。

B. 采取的安全防范措施。

②过程和方法目标。

A. 分析影响旅游安全的因素。

B. 懂得在危急时应采取的安全防范措施。

③情感、态度和价值观目标。

培养学生对自然灾害的防范意识，形成比较系统的减灾防灾的能力。

2. 教学建议

本条课程标准的学习可以分为两大学习主题。

①分析影响旅游安全的因素。本主题的教学建议是：教师可运用学生已有的地形、气候、水义等地理知识和经验，结合"旅游路线的设计"知识，引导学生收集与旅游目的地相关的地形、气候、水文等影响旅游安全的自然灾害信息及旅游目的地的流行病、居民态度、战争、社会治安等旅游社会文化环境信息，了解危害游人的潜在因素。

②采取的安全防范措施。本主题的教学建议是：教师可从以下几方面引导学生了解安全防范措施：

A. 物品准备：简要路线资料，旅游地图、运动服、运动鞋、太阳帽、相机、望远镜、笔记本、矿泉水、保健箱、导游旗。

B. 安全措施：乘车须知，相关的天气、水文、地形资料；以班为单位集体活动，各班级成立安全小组；自带食品（沿途不购买食品）；患病学生不参加旅游。

C. 环保措施：爱护环境，不损坏一草一木；公共场所不喧哗、不随地吐痰；废弃物放在垃圾袋中；遵守秩序。

单元练习：在完成练习册中的学习内容后，教师可以引导学生利用所学的旅游路线设计的知识，并结合本校的实际情况，开展"春游或秋游计划"活动。

（四）旅游与区域发展

课程标准：阐明旅游业的发展对社会、经济、文化的作用

1. 标准解读

①知识和技能目标。

A. 了解旅游业的经济特性。

B. 了解旅游业对经济、文化、社会发展的作用。

②过程和方法目标。

通过数据、图示，引导学生分析旅游业对经济、文化、社会发展的作用。

③情感、态度和价值观目标。

培养学生辩证的地理思维能力。

2. 教学建议

本条课程标准的学习可以分为两大学习主题。

①旅游业的经济特性。本主题的教学建议是：教师可通过数据、图示引导学生从旅游是一种无形出口产业，它把社会上的物质产品组合起来，向旅游者提供服务；旅游业是一种零散的综合产品，它由多种经济部门组成，同时受多种经济部门的制约和影响；旅游业是一项极不稳定的出口产业等方面来学习旅游业的经济特性，为学习"旅游对经济、文化、社会发展的作用"这一重点知识打基础。

②旅游业的发展对社会、经济、文化的作用。本主题的教学建议是：教师引导学生从外汇收入、稳定市场、带动相关产业的发展等方面来分析旅游对经济发展的作用，从国民素质、生活质量、就业机会、文化交流等方面来分析旅游业对经济对社会文化发展的作用。教师也可以联系学生的实际，通过调查活动，引导学生调查身边有哪些人从事与旅游有关的工作、这些工作分别属于哪些行业。并根据调查数据，分析发展旅游对当地的经济建设和居民收入的影响。教师还可以引导学生调查学校参加旅游的人，让其就旅游过程中的交通、住宿、餐饮、购物（纪念品、工艺品、土特产品等）、娱乐（各种游乐活动）等方面回忆自己的印象和感受。在此基础上，再逐点分析旅游活动对经济、社会、文化发展的作用，以降低学生理解的难度。但教师在教学中要注意引导学生从正反两方面来理解旅游对经济、文化、社会发展的作用。

课程标准：举例说出旅游与景区建设对地理环境的影响

1. 标准解读

①知识和技能目标。

A. 了解旅游环境容量的概念、测算和旅游对环境的影响。

B. 举例说出旅游与景区建设对地理环境的影响。

②过程和方法目标。

通过数据、图示，引导学生分析旅游与景区建设对地理环境的影响。

③情感、态度和价值观目标。

培养学生辩证的地理思维能力和可持续发展意识。

2. 教学建议

本条课程标准的学习主题：旅游与景区建设对地理环境的影响。针对该主题的教学建议是：教师可通过公式、文字资料、案例、观测、调查引导学生从满足游人的最低游览要求（心理感应气氛）和达到保护风景区的环境质量要求两方面对旅游环境容量的相关概念加以理解。在此基础上，引导学生从自然环境和人文环境两方面来理解旅游对地理环境的影响。教学中，教师要注意正面影响与负面影响两方面内容都要说明，如合理的旅游开发和建设有保护和改善自然环境与人文环境、促进社会持续发展等正面影响；不合理的旅游开发和建设有破坏生态环境、滥用土地、破坏文化遗产、破坏社区正常生活等负面影响。

课程标准：举例说明旅游开发过程中的环境保护措施

1. 标准解读

①知识和技能目标。

了解旅游开发过程中的环境保护。

②过程和方法目标。

通过数据、图示，引导学生分析旅游开发过程中的环境保护。

③情感、态度和价值观目标。

培养学生辩证的地理思维能力和可持续发展意识。

2. 教学建议

本条课程标准的学习主题：旅游开发过程中的环境保护。针对本主题的教学建议是：教学可结合学生生活所在地区的旅游项目，开展保护当地旅游环境的活动。在活动中，教师要注意引导学生用所学的知识和方法，从政府、旅游企业、游客等不同层面来综合分析某旅游项目开发过程中的环境保护问题，使学生在参与的过程中，感受、体验环境保护要上下协同、人人参与，从而形成自觉保护旅游环境的意识，并在生活中自觉地参与到保护旅游环境的行动中。

单元练习：在完成练习册中的学习内容后，教师可以引导学生开展"如何保护我们当地的文化遗址"的调查活动。

五、自然灾害与防治

教学案例：地质地貌灾害的产生机制与发生过程。

（一）教学目标

1. 知识和技能目标

（1）了解地震、火山、滑坡和泥石流灾害的成因、分布、危害及防御措施。

（2）理解各种灾害之间的关联性。

2.过程与方法目标

培养学生理论联系实际的能力。

3.情感、态度和价值观目标

正确对待地质灾害的发生，树立预防为主、监测预报的思想观念。

（二）教学重点

（1）主要地质灾害的成因、危害。
（2）地质灾害的关联性。

（三）教学难点

地质灾害的关联性。

（四）教学方法

教：组织→解难→引导。
学：活动→发现→迁移。

（五）手段运用

多媒体手段：电脑动画、录像、文字资料、图片。

（六）教学过程

1.导入新课

同学们！还记得什么是地质作用吗？（学生回答后教师再引导）地质作用有些进行得十分缓慢，不容易被人们觉察，如海陆变迁。但有些就进行得非常迅速、激烈，如山崩、地震、火山喷发等，往往造成地质灾害，危及人民的生命财产安全。这就是我们今天要学习的内容。

2.讲授新课

板书：1.地震
播放有关地震的录像资料和地震动画示意图，提出问题让学生思考：
（1）地震是怎样发生的？
（2）哪些地方易发生地震？
（3）震源与震中是怎样区别的？
学生回答，教师归纳。

承转：下面我们继续观看录像，看火山是如何喷发的。
播放火山喷发的录像片，教师板书并提出问题让学生思考。

板书：2. 火山

请同学们看完录像后思考下列问题。

（1）火山是如何喷发的？

（2）火山分为哪几类？

（3）火山的分布与地震有何关系？

学生回答，教师归纳并补充。

火山的分布与地震的分布基本上是一致的，多分布在板块与板块的交界地带。环太平洋地带是世界上最主要的火山、地震带，像日本、印度尼西亚、智利等国就多火山、地震。我国是世界上多地震的国家，但火山大多是死火山，只有少数活火山。

火山对人类的危害也是很大的。

播放火山喷发影响生产生活的录像片。

承转：同学们对火山和地震已经有了一个大概的了解，下面我们再来了解一下有关滑坡和泥石流的知识。

播放录像：滑坡和泥石流的危害。

板书：3. 滑坡和泥石流

让学生思考下列问题：

（1）什么叫滑坡、泥石流？

（2）泥石流的发生需要哪些条件？

（3）滑坡和泥石流有什么危害？

学生回答，教师归纳并补充。

泥石流和滑坡往往是相联系的，多发生在多暴雨的山区。由于地表层岩石松散、土质疏松，再加上地面缺乏植被保护，在多暴雨的季节，就很容易发生水土流失、泥石流现象。

分析、提问：通过以上学习，我们了解了地震、火山、泥石流等几种主要的地质灾害，那么，请同学们思考一下：地质灾害有哪些共同的特点呢？

学生回答，教师归纳。

地质灾害的共同特点主要表现为：分布广泛、危害大、伤亡多、突发性强。

六、环境保护

教学案例：是什么影响了水质？

1. 教学目的

在本活动中，学生通过测量温度、溶解氧（DO）、生物需氧量（BOD）、残留的大肠杆菌、pH值、浊流物、磷酸盐和硝酸盐研究特殊的水质变量。这些变量共同影响了水质。运用每个变量的测试结果，由学生制作一个完整的、重要的水质指示（WQI）。这个数据的价值能够被转为一种有关河里的水质的质的陈述。

接着,学生通过河里的生长环境质量,运用指示生物有机群体和承受等级学习决定全面的污染承受指示(PTI)。学生在寻找关于河流的健康 PTI 和 WQI 所指示的两者之间的联系。

2.教学过程

(1)学生的学习过程。

①对他们的 pH 值和肥料实验进行小结。

②对水的颜色、浑浊和气味进行观察,评价水质。

③对大无脊椎动物的生物试剂进行测试,评价水质。

(2)教师评价的主要学习成果。

① pH 值和肥料实验的小结。

②在物理属性(浑浊和颜色)的基础上回答驱动性的问题。

③在生物多样性的基础上回答驱动性问题。

(3)教学时间。

共需 5 天(其中"最后的展示"5 天,需要回顾学校日历并做出一个粗略的日程表,注意假期和干扰这个项目实施的特殊情况)。

课程安排如下。

①各种影响水质的因素。

②总结 pH 值和肥料的调查结果。

③完善电脑模型。

④水的测试。

⑤分析测试结果,得出结论。

⑥电脑模型的新变量关系。

⑦生物试剂。

⑧生物告诉了我们什么?

⑨最后的展示:我们河流中的水质是怎样的?

(4)教学材料。

①学生读物:测试你们的水。

②学生作业纸:水的测试。

③学生作业纸:大的无脊椎动物的分类界定。

(5)学习成果。

学生通过组内合作展现最终学习成果。学生需要回答问题:我们河流中的水质是怎样的？学生应该制作专题展示板或幻灯片，在动手过程中，应该表现学生组间互相协作的精神。

展示结束后，还有一个可选项：让学生小组为他们的河流做一些社区服务活动，或让每个学生小组开展一个项目：我们能够为河流保洁做些什么？可以和其他小组或老师（包括其他年级）一起合作这个项目。

七、地理信息技术应用

教学案例：探索 GIS 在各个领域中的应用。

（一）教学内容

本课中，学生将要探索 GIS 在商业和组织中的各种应用。要求学生提出建议，描述不同的商业和组织，说明 GIS 技术对他们有什么帮助。

（二）教学目标

（1）思考我们每天接收到的信息数量以及我们是如何组织这些信息的。

（2）通过阅读和讨论"将地图转化成分层的信息蛋糕"的材料，来研究将信息转化成可视形式工具的作用和影响。

（3）提出建议，描述不同的商业和机构，说明 GIS 技术对他们有什么帮助。

（4）撰写论文，探索 GIS 的积极和消极作用。

（三）资源和材料

学生日志、钢笔或铅笔、纸张、黑板、多份"将地图转化成分层的信息蛋糕"内容的复印件（人手一份）。

（四）活动或程序

1. 热身活动

要求学生在日志中，回答下列问题（已事先写在黑板上）：信息时代的标志之一是我们获得的信息供大于求——我们的社会正处在"信息超载"的状况中。什么是"信息超载"？你在生活中感觉到这一点了吗？我们从哪儿获得信息？信息，特别是统计信息，呈现的方式有哪些？要求学生相互交流答案。

2. 全班阅读并讨论"将地图转化成分层的信息蛋糕"，注意下列问题

（1）为什么从一个地图数据库读取信息比从一张电子表格读取信息更方便？

（2）GIS 是如何帮助调查者工作的？

（3）为什么这种技术还不为大多数人熟悉？

（4）如果没有现有的信息积累，这个软件还有用吗？为什么？

（5）商业中是怎样使用这个软件的？

（6）消防部门是怎样使用这个软件的？

（7）环境保护组织是怎样使用这个软件的？

（8）法律界是怎样使用这个软件的？

3. 头脑风暴

将学生分为 6 个小组，每个小组代表一个商业部门或机构（银行、百货公司、汽车代理销售部门、消防部门、保护组织、法律组织）。让学生想象他们是为小组所代表的商业部门或机构工作的人员，他们正在申请获得一个先进的地理信息系统来提高目前使用的数据管理系统的功能。每个小组利用头脑风暴提出 3 ~ 5 种方法，改进 GIS 的功能，使他们的商业或结构获益，然后把他们的想法写成一份建议。建议应该具有说服力（使他们的领导相信购买 GIS 是有好处的），证据充足。帮助学生通过参与小组的头脑风暴形成自己的想法。讨论结束后，每个小组向全班汇报自己的想法。全班同学讨论并评选出哪种 GIS 的应用最好。

4. 家庭作业

每个学生写一篇简短的文章，要求用事实和例子论证自己的观点。文章应围绕下列问题展开：GIS 是怎样使信息时代更有意义的？ GIS 可能会怎样使信息时代更缺少意义？ GIS 的其他使用方法如何使我们获益？

文章还应进一步讨论的问题：

（1）这个软件如何帮助企业、私人机构和政府做决策？ GIS 能够提供所有决策需要的信息吗？

（2）在什么情况下，地方和政府应该使公众更容易获得数据信息？

（3）GIS 技术可能会怎样影响公民权利？

（4）你认为在哪种行业 G1S 最有用？

（5）商业部门使用这个软件跟踪他们顾客的信息有什么利弊？

（6）目前已有的技术和方法哪些与 GIS 的功能相似？ 这些技术和方法是更有效还是效率较低？ 为什么？

（五）评价

对学生评价将以日志记载，特别是参与全班和小组讨论情况和文章写作为依据。

（六）扩展活动

访谈可能使用 G1S 技术的企业和机构的经理和官员，例如银行、大的企业和法律部门等。如果他们使用了 GIS，他们认为这种技术的优势和短处是什么？ 如果没有使用，他们认为这种技术会有用吗？ 为什么？

（七）跨学科的联系

（1）公民。学习在什么情况下地方和国家政府要对公众公开数据，提供什么类型的数据，为什么？什么数据不能公开，为什么？

（2）数学。定义"统计"。然后，连续做一个日志，记录统计数据在我们日常生活中的不同使用方法。思考为什么数字关系对我们很重要。

（3）媒体学习。使用印刷、网络和电视媒体学习 GIS 技术在全球使用的不同方法。

（4）科学。调查保护组织中使用的是哪种 GIS 技术？为什么他们开始使用 GIS？这个软件如何帮助他们理解环境的变化？他们怎样使用 GIS 获取信息的？

参考文献

[1] 申大魁.中学地理教材研究与教学设计 [M].北京：人民日报出版社，2019.

[2] 张素娟.地理学科本质问题解析与中学地理教学 [M].北京：北京师范大学出版社，2019.

[3] 任志鸿.高中优秀教案同课异构课堂创新教学设计地理必修2[M].海口：南方出版社，2018.

[4] 袁从领.核心素养导向下的小学科学教育 [M].长春：东北师范大学出版社，2017.

[5] 魏书生.学生核心素养教育教师指导读本 [M].天津：天津教育出版社，2018.

[6] 耿文强.聚焦核心素养：课程理解范式下的地理教学实践[M].杭州：浙江大学出版社，2017.

[7] 梁良樑.直击新课程学科教学疑难（高中地理）[M].北京：教育科学出版社，2015.

[8] 李家清.原理·方法与案例：高中地理有效教学 [M].北京：科学出版社，2015.

[9] 李家清.地理课程与教学论 [M].武汉：华中师范大学出版社，2010.

[10] 庄天宝，王德伟.现代教育技术与高中地理教学 [M].北京：高等教育出版社，2012.

[11] 巩天佐.和谐高效思维对话——新课堂教学的实践探索（高中地理）[M].北京：教育科学出版社，2011.

[12] 陈澄，樊杰.普通高中地理课程标准 (实验) 解读 [M].南京：江苏教育出版社，2003.

[13] 陈庭.高中地理案例教学研究 [M].上海：复旦大学出版社,2009.

[14] 王恩涌.人文地理学 [M].北京：高等教育出版社，2000.

[15] 王树声.中学地理教学的理论与实践 [M].北京：人民教育出版社，2007.

[16] 李玲.高中地理教学中学生读图能力训练研究 [D].长春：东北师范大学，2007.

[17] 吕莹.初中地理教学中运用地图培养学生智能研究 [D].长春：东北师范大学，2008.

[18] 广东省教育厅教研室编.普通高中新课程地理教学与评价指导 [M].广州：广东教育出版社，2006.

[19] 陶梅.中学生地理图像技能培养策略研究 [D].武汉：华中师范大学，2005.

[20] 段玉山.地理新课程研究性学习 [M].北京：高等教育出版社，2003.

[21] 赵媛，刘树凤.高中地理教与思——"国培计划 (2010)"论文集 [M].南京：南京师范大学出版社，2011.

[22] 李家清.新理念地理教学论 [M].北京：北京大学出版社，2009.

[23] 曾菊新，李家清，李星明 . 地理科学与教育研究 [M]. 武汉：湖北科学技术出版社，2008.

[24] 李家清 . 中学地理教学设计与案例研究 [M]. 北京：科学出版社，2012.

[25]（美）苏姗·汉森 . 改变世界的十大地理思想 [M]. 北京：商务印书馆，2009.

[26] 袁孝亭 . 地理课程与教学论 [M]. 长春：东北师范大学出版社，2006.

[27] 陈佑清 . 教学论新编 [M]. 北京：人民教育出版社，2011.

[28] 盛群力，宋洌 . 走近五星教学 [M]. 济南：山东教育出版社，2009.

[29] 袁孝亭，王向东 . 中学地理素养教育 [M]. 北京：高等教育出版社，2005.

[30] 窦桂梅 . 聚焦完整人的核心素养——清华附小"1+X课程"亮点[J]. 北京教育(普教版)，2014(12)：12-13.

[31] 顾明远 . 核心素养：课程改革的原动力 [J]. 新课程 (综合版)，2016(04)：1.

[32] 叶澜 . "新基础教育"发展性研究报告集 [M]. 北京：中国轻工业出版社，2004：21.

[33] 钟启泉 . 课程改革：新视点与生长点 [J]. 中国教育学刊，2005(8)：20-22.

[34] 张华 . 走向课程理解：西方课程理论新进展 [J]. 全球教育展望，2001(7)：40-48.

[35] 刘欣 . 范式转换：课程开发走向课程理解的实质与关系辨析 [J]. 教育研究与实验，2014(1)：52-57.

[36] 程良宏 . 教师的课程理解及其向教学行为的转化 [J]. 全球教育展望，2013(1)：113-120.

[37] 李香玲 . 课程理解研究：回顾与展望 [J]. 上海教育科研，2012(10)：26-29.

[38] 赵才欣 . 从地理科学文化贡献看地理学科育人功能 [J]. 地理教学，2011(15)：4-7.

[39] 黄京鸿 . 审美情趣与地理教学渗透美育 [J]. 中学地理教学参考，2014(3):14-16.

[40] 冯健 . 地理思维特性及其对当前地理教育改革的启示 [J]. 中学地理教学参考，2000(9)：5-7.

[41] 黄海霞，陈红威 . 全球蓝色圈地愈演愈烈 [J]. 瞭望，2009(30)：60-61.

[42] 耿文强 . 社会基点弱化背景下高中地理新课程教学路径选择 [J]. 地理教学，2012(2)：22-25.

[43] 彭博文，吕春，何涛 . 学术论文评价体系的构建及其应用[J]. 中国高校科技与产业化，2010(6)：56-58.

[44] 赵静 . 浅谈社会调查在人文地理实践教学中的应用，地理教育 [J].2012,(11)：60-61.

[45] 何雪 . 科技论文写作中的常见问题与建议 [J]. 学报编辑论丛，2008,(10)：34-36.

[46] 赫兴无，李家清 . 地理教学目标设计初探 [J]. 中学历史、地理教与学，2004(10)：45-46.

[47] 赫兴无 . 中学地理教师专业化发展的途径 [J]. 继续教育研究，2008.(1)：47-48.